电商运营管理全流程与数字化运营实战

杨光瑶◎编著

中国铁道出版社有限公司
CHINA RAILWAY PUBLISHING HOUSE CO., LTD.

图书在版编目（CIP）数据

电商运营管理全流程与数字化运营实战 / 杨光瑶编著. -- 北京 : 中国铁道出版社有限公司, 2025. 10.

ISBN 978-7-113-32575-6

Ⅰ. F713.365.1

中国国家版本馆 CIP 数据核字第 2025J9W253 号

书　　名：电商运营管理全流程与数字化运营实战
DIANSHANG YUNYING GUANLI QUANLIUCHENG YU SHUZIHUA YUNYING SHIZHAN

作　　者：杨光瑶

责任编辑：王　宏　　**编辑部电话**：（010）51873038　　**电子邮箱**：17037112@qq.com

封面设计：宿　萌

责任校对：苗　丹

责任印制：赵星辰

出版发行：中国铁道出版社有限公司（100054，北京市西城区右安门西街 8 号）

网　　址：https://www.tdpress.com

印　　刷：三河市宏盛印务有限公司

版　　次：2025 年 10 月第 1 版　2025 年 10 月第 1 次印刷

开　　本：710 mm×1 000 mm　1/16　**印张**：12.5　**字数**：178 千

书　　号：ISBN 978-7-113-32575-6

定　　价：69.80 元

前言

近年来，越来越多的人开始通过线上平台购物，电子商务行业持续繁荣，呈现出快速增长的态势。随着技术的创新及消费者购物习惯的转变，电商行业也经历了快速的发展变化。

新型电商模式的涌现成为行业发展的重要特点，以抖音、小红书、快手为代表的社交电商成为电商行业的新兴风口。社交电商通过社交媒体平台为消费者提供商品信息和推荐，在社交平台购物已经成为消费者的主要购物方式之一。

此外，直播电商、内容电商等成为商家推广产品、吸引消费者的重要途径。电商行业的变化既为商家带来了挑战，也带来了新的商业机遇。面对市场的变化发展，商家需要不断创新和优化运营策略，以实现持续稳定的增长。

那么面对复杂的市场环境，电商商家要如何进行运营管理呢？为此，我们编写了本书。通过阅读本书，读者可以了解电商运营管理的流程和策略，以及如何借助数字化运营提升竞争优势。

本书共七章，可划分为三部分。

第一部分为第 1 ～ 3 章，这部分从产品运营与转化出发，详细介绍了商品选品、产品定价、爆款打造、备货管理、视觉营销、客户服务、促销策略、节日营销等内容。通过学习这部分内容，读者可以详细了解如何做好电商日常运营和管理工作，以提高销售额和用户体验。

第二部分为第 4~5 章，这部分主要介绍内容运营和用户运营。内容运营在社交媒体电商中占据核心地位，可以有效提升品牌影响力，促进用户转化；用户运营是现代电商不能忽视的核心环节，对获取新用户和留存老用户具有重要意义。通过学习这部分内容，读者可以掌握内容运营和用户运营的方法、策略。

第三部分为第 6~7 章，这部分主要对数字化运营进行讲解。在电商运营过程中会产生大量数据，我们需要对这些数据进行收集和分析，了解运营的效果和问题，从而进行优化和改进。通过学习这两章内容，读者可以了解如何进行数据分析，以及怎样通过数据优化运营策略。

本书结构清晰，在讲解过程中特别添加了实用范例，同时采用丰富的表格和图示，帮助读者更好地理解理论知识，有效提升电商运营管理能力。

最后，希望所有读者都能从本书中学到想学的知识，在电商领域取得更大的成功。

编　者

2025 年 6 月

目录

第 1 章　从产品运营到爆款商品打造

第 4 章 电商时代不能忽视内容运营

第 5 章　用户运营留住客户提高转化率

第 6 章　数字化精细运营把握消费群体

第1章

从产品运营到爆款商品打造

产品销售是电商运营的主要目的，而产品也是电商的核心竞争力，好的产品会成为吸引和留住消费者的关键。如何让产品在激烈的竞争市场中脱颖而出并成为爆款，是产品运营人员需要考虑的问题。

1.1 产品选择很重要

进入电商领域后，相信很多运营人员都听过这样一句话："做电商，三分靠运营，七分靠选品。"这句话强调了选品的重要性，选品是电商运营的基础，贯穿于运营的始终，如果选品得当，将大大提升产品的转化率，甚至在短时间内就实现订单量的激增。

1.1.1 哪些产品不适合电商销售

并不是所有的产品都适合电商销售，部分产品是禁止在电商平台发布和销售的，在选品前就需要了解清楚相关规则，避免触碰雷区影响店铺运营。下面以淘宝为例，来看看禁售产品有哪些。

实用范例 淘宝部分禁售产品

对于在淘宝开店的电商卖家来说，如果违规发布或出售法律法规及淘宝平台禁止的产品或信息，将面临扣分、查封账户等违规处理，淘宝部分禁售产品见表 1-1。

表 1-1 淘宝部分禁售产品及信息

类　别	禁售产品及信息
枪支、弹药、军火武器类	枪支、弹药、军火；枪支、弹药、军火的零部件、相关器材、配件、附属产品及其制作方法；仿真枪支、仿真弹药、仿真军火类产品
军用、警用等国家机关相关用品类	军用、警用、其他国家机关部门的服饰配件及其仿制品、大型徽章及其仿制品、军功章及其仿制品；军用、警用的设备制品及其仿制品；不当使用军用、警用及其他国家机关部门标志的产品；军需、国家机关专供、特供等产品
管制器具类	可致使他人暂时失去反抗能力，对他人身体造成重大伤害的管制器具；管制类刀具；弓弩配件及飞镖等可能用于危害他人人身安全的产品
危险化学品及易燃易爆物品类	危险化学品、易制爆化学品、消耗臭氧层物质、放射性物质及射线装置及其他化学品；易燃、易爆物品
侵犯他人隐私的相关产品、信息及服务类	用于侵害信息或数据的软件、设备及相关服务；黑客相关的软件、工具、教程类产品及服务；用于非法摄像、录音、取证，窃听窃照的设备、软件及相关服务
药品类	假药、劣药及其他禁止出售的药品；特殊管理的药品；平台认定的与药品作用相同或相似情形的产品等
医疗器械类	未经主管部门批准及其他法律法规禁止销售的医疗器械；仅可销售给具备资质的医疗器械经营企业或使用单位的医疗器械，及易对人体造成伤害的医疗器械；三类医疗器械，但特定情形除外
用于作弊的工具类产品及服务	用于达到作弊目的的工具、教程及服务；具有作弊风险的产品及服务；代炒作、代投票、代删除等不当获取流量或人气，对消费者进行欺骗性销售诱导的产品或信息；用于提高抢购成功概率、干扰淘宝正常秩序的软件或服务
网络游戏及相关服务类	未经国家备案、官方已停止经营、外挂、私服的网络游戏、游戏点卡、货币类产品及服务；游戏版权号交易及相关服务；棋牌类游戏币产品及充值类服务

以上仅罗列了部分禁售产品，电商卖家可进入淘宝卖家中心查看更详细的禁售产品信息。其他电商平台，如抖音、京东、拼多多等，也有相关禁售产品规定，在开店前就需要了解清楚，并在选品时注意规避。

1.1.2　如何选品才能产生爆单

对很多电商卖家来说，前期选品选得好，那么产品爆单的概率也会大很多。很多电商卖家，特别是新手卖家在选品时常常会陷入“跟风”的选品误区中，即看到别人卖什么，自己就卖什么；看到某一产品卖得好，就跟卖这一产品，最终店铺上架了各种各样的商品，但销量并不乐观。

实际上，店铺中的商品并不是越多越好，而盲目跟风追爆款产品也是不可取的。爆品一般竞争都比较激烈，如果自身产品没有足够的价格优势，往往也很难爆单。

选品前建议先做好定位，明确自己的经营类目，选择合适的赛道，结合目标消费群体精选商品。这样一来为店铺引来的流量基本都是较精准的，产品的转化率提升了才有爆单的可能。选品前的定位可从类目、价格、人群等方面入手，然后结合自身定位选品，成功的概率会大很多，如图 1-1 所示。

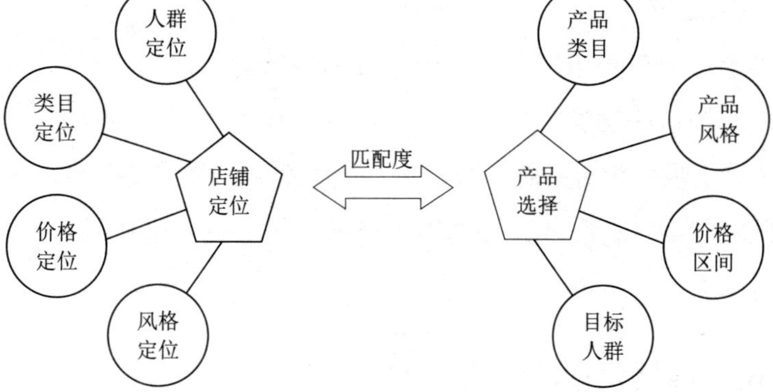

图 1-1　结合定位做选品

1. 人群定位

人群定位是对店铺的受众进行定位，我们需要清楚店铺的目标客户是谁，如果一开始的人群定位就是错误的，那么会很难将进店客户转化为有效的购买力。先确定目标用户人群，然后结合目标用户人群的需求来细分类目和选品。

2. 类目定位

明确店铺的主营品类，以及这个品类还有没有机会，从市场容量来看，市场容量较大的类目更容易打造爆款。此外，部分品类虽然市场容量大，但头部品牌占有率很高，且消费者对品牌有极强的忠诚度，对于此类类目，如果中小卖家想要加入这一赛道，也需要综合考量，因为后期产品营销推广等成本可能会较高。

3. 价格定位

网上购物为消费者比价提供了便利，而价格也会直接影响消费者的购买决策。明确价格定位有利于店铺培养忠诚客户，也便于店铺长久的经营与管理。价格定位与产品定位是紧密相关的，价格定位的高低也会影响选品，电商卖家可根据店铺的经营方向来确定店铺产品的主推价格段、次推价格段和利润价格段，从而选择合适的产品。

4. 风格定位

风格定位会影响店铺的品牌形象及消费者对店铺的认知度，进而影响选品。以服饰这一品类为例，就可以细分为休闲、潮流、轻奢等风格，风格定位明确能吸引相对应的人群进店，从而把精准客户留下来。

明确定位后，选品的方向基本上就确定了，这时就可以有针对性地进行产品布局了。

1.1.3 电商数据化选品方法

在如今的电商时代，选择适合自己的产品并进行销售是运营的重要任务，那么面对庞大的市场要如何进行有效的选品呢？数据化选品就是提高选品有效性的一个方法。数据化选品是指利用各种市场数据来选品，比如通过某一品类产品的销售数据，可以了解哪款产品受欢迎，从而选出受消费者欢迎的产品。下面分享两种数据化选品的方法。

1. 市场排行选品

市场排行选品是利用市场行情数据来选品，比如提取行业排行榜商品数据，找到行业类目热销的产品，将其作为选品的参考。一般来说，能够上榜的商品都是当前热度比较高的爆款商品，选择同类商品可以获取此类热卖商品的流量。但需要注意一点，热卖的产品竞争相对比较激烈，因此，还需结合自身实际来选择，不可盲目跟风。

实用范例　商品排行数据选品

以抖音电商为例，根据品类定位采集该品类的商品排行数据，一般可采集实时销量、日榜、周榜及月榜数据。以鞋靴箱包为例，实时数据和周榜数据如图 1-2 所示。

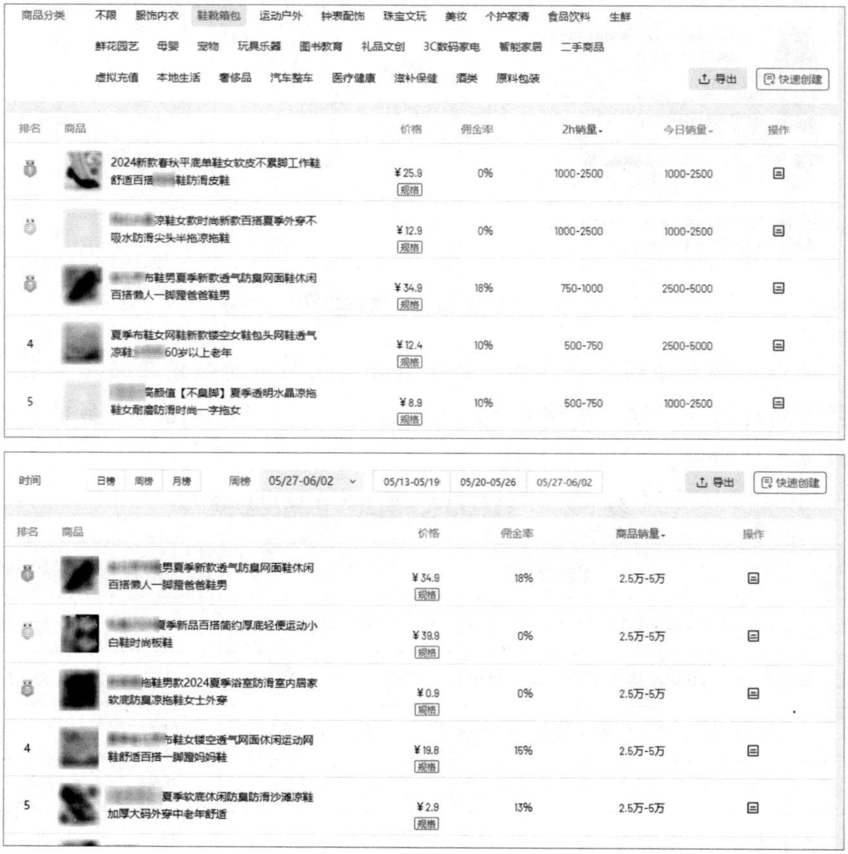

图 1-2　鞋靴箱包实时数据和周榜数据

从图 1-2 中可以看到热卖商品的销量和价格，周榜数据中销量排行在前列的有男士休闲懒人布鞋、运动小白鞋、中老年沙滩凉鞋等。鞋靴箱包是大类目，该类目下可细分为多个小类目，可以结合店铺定位、市场容量及品类潜力来进一步筛选细分类目，比如店铺定位于“鞋靴箱包 - 男鞋”细分类目，那么就可以进一步筛选男鞋品类下的商品排行数据，这样可以缩小选品的范围，提高选品的效率，图 1-3 为“鞋靴箱包 - 男鞋”品类销量排行周榜。

图 1-3 “鞋靴箱包 - 男鞋”周榜数据

结合店铺具体的细分品类，将与自身定位相符的热销品采集下来，这一步可以过滤掉不适合店铺的产品类别，表 1-2 为“鞋靴箱包 - 男鞋”热销品数据采集示例。

表 1-2 “鞋靴箱包 - 男鞋”热销品数据

商品名称	价格（元）	销量（件）
××× 布鞋男夏季新款透气防臭网面鞋休闲百搭懒人一脚蹬爸爸鞋男	34.90	2.5 万 ~5 万
2024 新款 ××× 印花鞋男士轻便软底黑色平底男鞋夏季舒适百搭时尚	11.90	2.5 万 ~5 万
××× 布鞋男鞋轻便懒人休闲鞋潮流百搭舒适透气吸汗软底高档布鞋	13.80	1 万 ~2.5 万
×× 拖鞋男士夏季外穿厚底防滑男款时尚户外休闲软底沙滩凉拖鞋	9.90	1 万 ~2.5 万
2024 男士健步鞋一脚蹬爸爸鞋防臭防滑透气 ×× 网面休闲	99.00	7 500~1 万

采集好数据后还要进行选品分析，从价格、风格、人群定位和竞争等方面进行选品筛选，最后选出适合店铺的高热度产品。

2. 搜索分析选品

搜索热度可以反映产品的搜索频率和受关注程度。在电商平台上，如果一个商品的关键词搜索人数众多或被多次搜索，那么可以表明用户对该商品的需求大，或者对该商品有极高的兴趣，由此可见此类商品的市场需求也会较大。利用搜索数据选品，要提取类目关键词，然后结合搜索热度趋势来选品，筛选出搜索热度处于上升趋势的产品，淘汰下降趋势的产品。

实用范例　搜索趋势数据选品

同样以鞋靴箱包品类为例，这里分析运动鞋、皮鞋两个商品关键词，这两个商品关键词近 90 天的百度指数搜索热度趋势如图 1-4 所示。

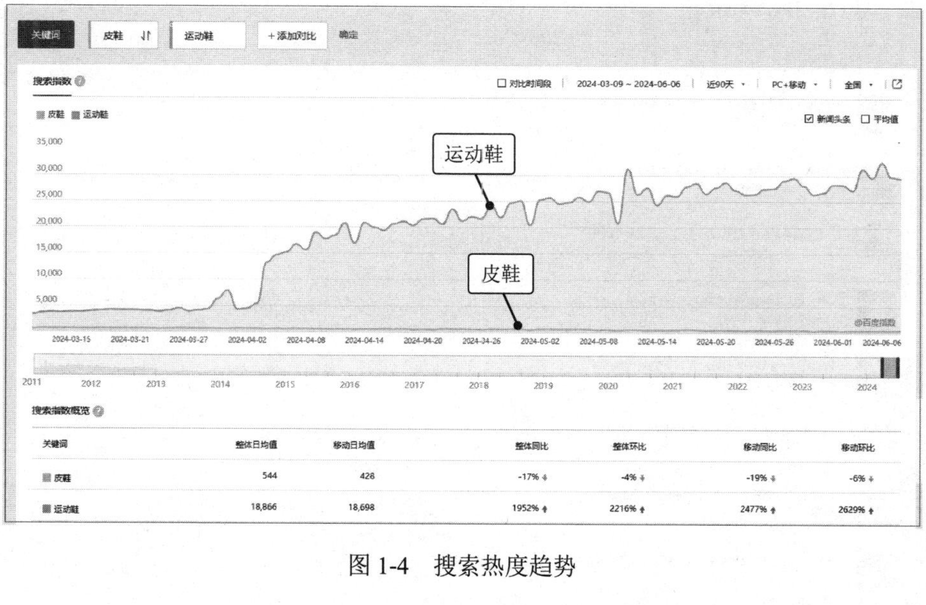

图 1-4　搜索热度趋势

从图 1-4 中可以看出，皮鞋的搜索趋势呈低迷趋势，运动鞋的搜索趋势呈持续上升趋势，如果仅从这两个细分品类中选品，那么运动鞋会更好。锁定细分品类后，还可以结合该细分品类的销量数据来进一步选品，图 1-5 为运动鞋品类的商品销量数据，从近期的销量数据来看，在抖音电商平台，运动鞋的销量有波动，但整体还是处于上升趋势中，表明该细分品类是有市场需求的。

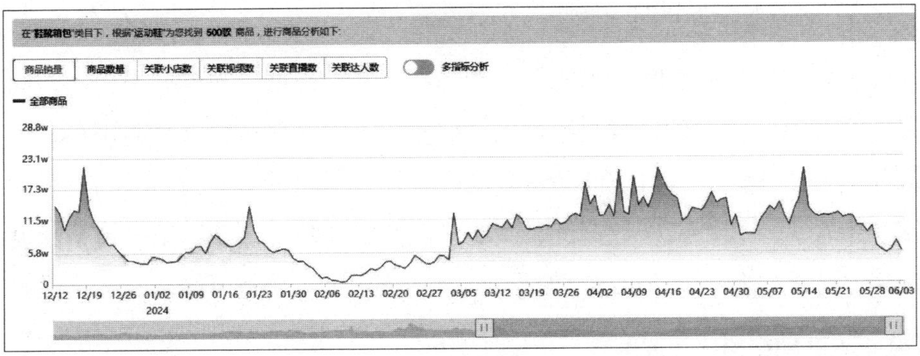

图 1-5　运动鞋商品销量趋势

采集运动鞋细分品类下不同单品的销量数据，从中找到适合店铺的选品，如图 1-6 所示。

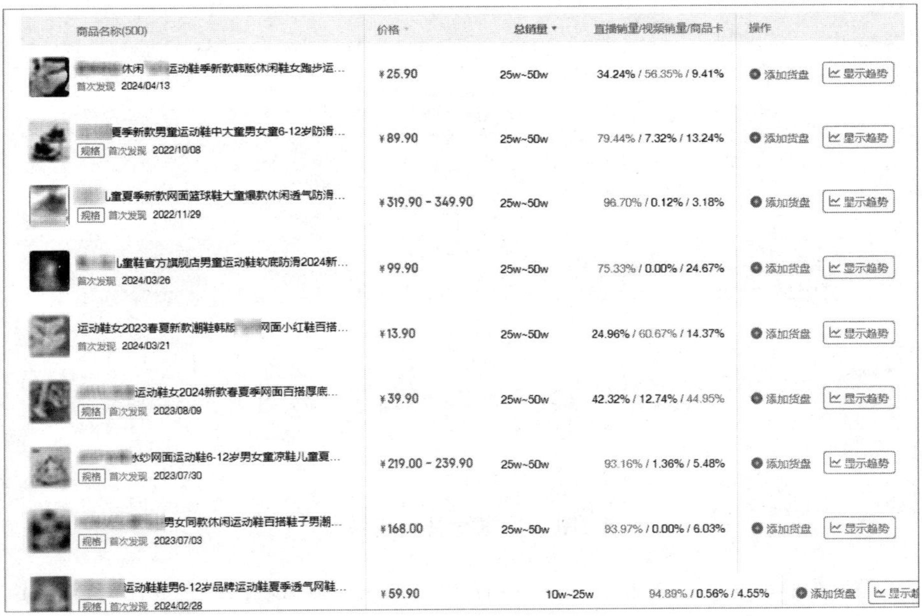

商品名称(500)	价格	总销量	直播销量/视频销量/商品卡	操作
休闲 运动鞋季新款韩版休闲鞋女跑步运… 首次发现 2024/04/13	¥25.90	25w~50w	34.24% / 56.35% / 9.41%	添加货盘 显示趋势
夏季新款男童运动鞋中大童男女童6-12岁防滑… 规格 首次发现 2022/10/08	¥89.90	25w~50w	79.44% / 7.32% / 13.24%	添加货盘 显示趋势
儿童夏季新款网面篮球鞋大童爆款休闲透气防滑… 规格 首次发现 2022/11/29	¥319.90 - 349.90	25w~50w	96.70% / 0.12% / 3.18%	添加货盘 显示趋势
儿童鞋官方旗舰店男童运动鞋软底防滑2024新… 首次发现 2024/03/26	¥99.90	25w~50w	75.33% / 0.00% / 24.67%	添加货盘 显示趋势
运动鞋女2023春夏新款潮鞋韩版 网面小红鞋百搭… 首次发现 2024/03/21	¥13.90	25w~50w	24.96% / 60.67% / 14.37%	添加货盘 显示趋势
运动鞋女2024新款春夏季网面百搭厚底… 规格 首次发现 2023/08/09	¥39.90	25w~50w	42.32% / 12.74% / 44.95%	添加货盘 显示趋势
水纱网面运动鞋6-12岁男女童凉鞋儿童夏… 规格 首次发现 2023/07/30	¥219.00 - 239.90	25w~50w	93.16% / 1.36% / 5.48%	添加货盘 显示趋势
男女同款休闲运动鞋百搭鞋子男潮… 规格 首次发现 2023/07/03	¥168.00	25w~50w	93.97% / 0.00% / 6.03%	添加货盘 显示趋势
运动鞋鞋男6-12岁品牌运动鞋夏季透气网鞋… 规格 首次发现 2024/02/28	¥59.90	10w~25w	94.89% / 0.56% / 4.55%	添加货盘 显示趋

图 1-6　运动鞋品类不同单品销量数据

搜索分析选品的要点是分析大类目中细分类目的搜索人气，再结合该类目下产品的交易指数，比如销量、转化率、点击率及竞争程度来判断某个产品是否值得选择。

1.1.4 电商产品选品的四大类

大多数网店都不止一款商品，根据商品作用的不同可将商品分为四大类，引流款、利润款、活动款和形象款。

1. 引流款

引流款很好理解，就是为店铺引进流量的商品，这类产品一般为低价产品，比如 9.9 元包邮商品，用户的决策成本较低，主要目的是为店铺或直播间引流，以此来促进其他产品的销量。

引流款也可以称为“福利款”，这类产品能获得的利润有限，有时甚至是亏损的。这类产品可用于限时限量秒杀，以促进消费者下单购买。引流款选品需要考虑受众和价格。

受众：引流款应有足够广泛的受众人群，受众广才能为店铺打开流量和销量，热销品、刚性需求产品、复购率高的产品比较适合作为引流款。

价格：引流款产品的价格不宜过高，价格亲民才会有更强的吸引力，从而引导更多用户进店或下单。

2. 利润款

利润款是能为店铺带来利润的产品，这类产品也可以称为“主推款”，即店铺主要推广的商品。利润款商品主要用于支撑店铺的整体利润及拉动店铺的整体销量，那么什么样的产品适合做利润款呢？利润款选品可考虑以下四点：

①在同类目有一定性价比或独特的优势。

②商品品质有保障，客户好评度高。

③能实现较高利润。

④有成为爆款商品的潜力。

利润款商品是店铺盈利的核心，这类产品的转化率可能没有引流款高，但有足够的利润空间。利润款一般不会追求极高的性价比，通常只需要符合中等性价比就可以。为了保证利润款商品的销量，选品时一般选择品质较高的产品，或是有一定档次，或是具备品牌知名度的产品，这样消费者才愿意以相对较高的价格购买或实现复购。

3. 活动款

活动款产品一般用于清库存或冲销量，比如尺码不全的产品、库存所剩不多的产品，这类产品都可以作为活动款销售。根据目的的不同，在对活动款进行选品时也会有不同的考虑。如果是为了减少库存积压，那么就根据店铺商品的具体库存情况来看，选择陈列时间较久、库存所剩不多的产品，或是过季产品、库存积压较多的产品。为了保证此类活动款产品能够销售出去，一般还要配合营销活动来促进消费者下单，比如折扣销售、搭配销售等。

冲销量的活动款建议选择大众消费者能普遍接受的产品，可以选择品类热销品、当季的爆款商品或性价比较高的商品，既能为店铺引流，也能带动销量。

4. 形象款

形象款商品在店铺内的占比不高，此类产品主要面向小部分消费群体，有高品质、高调性、高客单价的特点，主要用于提升店铺的整体形象。形象款产品的设计和定价会体现高端性，这类产品一般不注重销量，重点是需要发挥“撑门面”的作用，选品时一般选择能体现品牌风格和调性的产品，以提高品牌辨识度。

实用范例 引流款＋利润款配合提升销量和利润

以直播电商为例，在店铺刚开播时，可以利用引流款来做限时限量秒杀，借助引流款为直播间带来流量，同时也营造购物的氛围。当直播间的流量和人气到一定高度之后，就可以推出利润款了，这样更容易实现成交转化。图 1-7 为某店铺直播间某次直播的流量数据。

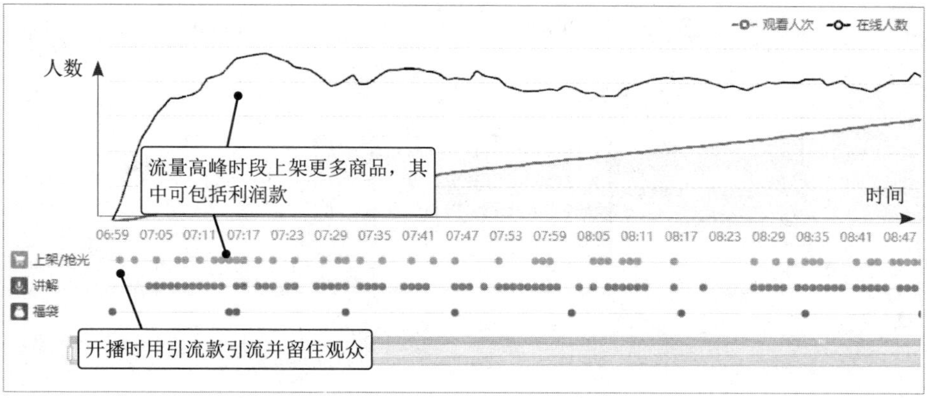

图 1-7　直播流量数据

从直播在线人数能够看出，在开播前几分钟，直播间的在线人数有明显的提升，那么在这时就可以通过引流款商品来给直播间带来流量并留住消费者。在直播间人气和流量较高时，就可以上架利润款了，本案例中，在流量较高的时间节点，上架了多款商品，对于主推的商品还拉长了讲解时间，以便于消费者更多地了解商品的信息，从而提升利润款商品的转化率，如图 1-8 所示。

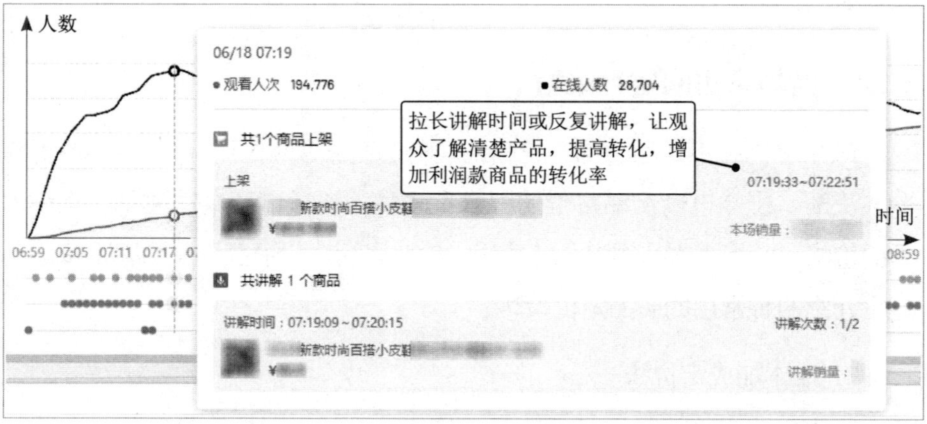

图 1-8　直播商品讲解时间数据

在实际带货过程中，还可以配合营销互动活动来吸引观众并留住潜在消费者，本例中，在开播和流量高峰期都通过发放“福袋”的方式来让观众长时间留在直播间，增加人气的同时也能提升转化率，如图 1-9 所示。

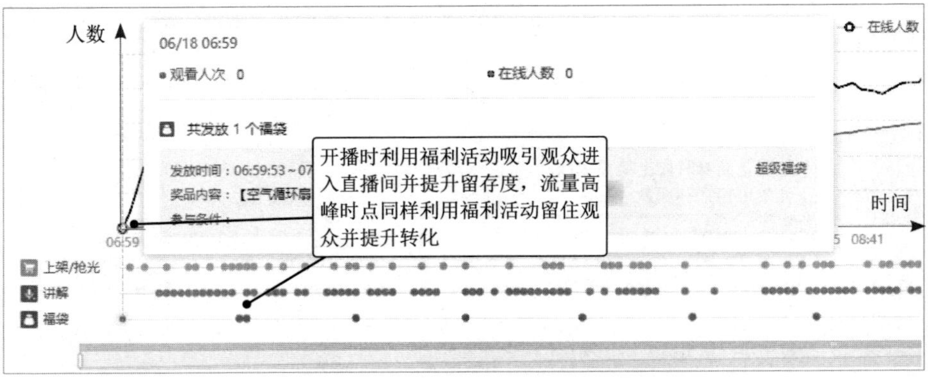

图 1-9 通过福利活动提升流量和停留时长

1.2 电商产品定价策略

随着电商企业的蓬勃发展，电商商家之间的竞争也越来越激烈，合理的产品定价策略不仅是吸引消费者的重要手段，也是确保店铺盈利和可持续发展的关键。

1.2.1 商品常用的定价策略

产品定价并不是随意的，价格的高低会直接影响店铺利润和消费者的购买决断。影响电商产品定价的因素有多种，包括市场供需关系、竞争对手的价格、产品成本、物流仓储费用、预期利润、营销费用及品牌定位等，这里介绍四种常用的商品定价策略。

1. 成本加成定价法

成本加成定价法是一种比较简单的定价方法，即按产品单位成本加上一定比例的利润确定产品价格，用公式表示如下：

产品售价＝单位成本 + 单位成本 × 成本利润率＝单位成本 ×（1+ 成本利润率）

成本利润率＝利润 ÷ 成本费用 ×100%

成本加成定价法的步骤主要有三步，即确定单位产品的成本、确认合理的回报（利润率）、确定期望售价。下面通过实际的案例来看看如何通过成本加成定价法确定售价。

实用范例　成本加成定价法确定产品售价

一家网店，某产品的入库数量为 20 000 件，成本包括原材料成本、制造成本、营销成本、物流成本、客服成本等，共计 400 000.00 元，那么产品的单位成本为 20.00 元（400 000.00 ÷ 20 000）。

该产品想要实现 20% 的利润，那么产品的期望售价为：

20.00 ×（1+20%）=24.00（元）

单位产品成本可用"产品总成本（直接成本 + 间接成本）÷ 产品总数"来计算，其中直接成本包括直接人工、直接材料等，间接成本包括管理费用、销售费用、固定资产折旧等。

成本加成定价法是一种以成本为导向的定价策略，这种定价方法具有简便易行的优点，比较适合以下情况：

①产品的成本稳定，受市场波动影响小。

②产品的差异化程度高，替代性很小，没有直接的竞争对手。

③产品的需求弹性低，价格变化对需求影响不大。

成本加成定价法能保证获得预期的利润，但也存在一定的缺点，缺点是忽视了市场条件和竞争关系等因素，不利于参与竞争。

2. 竞争定价法

竞争定价法是根据市场上同类商品的价格来制定自己商品价格的方法，这种定价方法比较适合以下情况：

①产品的差异化程度低，市场竞争激烈。

②消费者对价格敏感，价格变化对需求影响很大。

③产品生命周期短，价格可能经常调整。

竞争定价法的优点在于具有价格竞争力，店铺可以采用高于竞争对手、低于竞争对手和平均定价的定价策略，如图 1-10 所示。

▼ 高于竞争对手

在竞争对手基准价的基础上，提高产品的价格水平，以谋取高利润。这种定价策略适合相对于竞争者的产品，自身产品有着显著优势的情形，当消费者意识到这种相对优势时，会愿意付出高于同类产品的价格购买本店产品

▼ 低于竞争对手

即以低于竞争对手的价格定价，这是一种低价策略，无论竞争者的价格是多少，本店铺产品价格始终比对方低。这种定价策略可以帮助店铺吸引更多顾客，增加市场份额，进而增加销售量

▼ 平均定价

即让店铺产品的价格与竞争对手的价格一致，并且产品价格随竞争对手产品价格的变化而同步变化，这种定价策略适合产品与竞争对手不相上下的情况

图 1-10　竞争定价法的三种策略

采用竞争定价法需要调查竞争对手的价格策略，并以此来确定自己的定价范围，然后根据市场定位和竞争力，来设置略高、略低或与竞争对手相同的价格，定价公式如下：

产品售价 = 竞争对手的价格 ×（1 ± 调整系数）

电商商家可通过竞争对手的网店、电商平台上的商品信息、行业报告等途径了解竞争对手的价格信息，然后得出一个相对合理的价格范围。由于竞争对手的产品价格随时可能变动，因此需要定期收集竞争对手的价格信息，包括但不限于直接竞争产品的价格、折扣价格等。以淘宝商家为例，可进入竞争对手店铺，查看竞品商品的定价，然后整理在 Excel 表格中，以了解竞争对手产品价格的变动，如图 1-11 所示。

图 1-11　查看竞争对手产品价格

3. 需求定价法

需求定价法是指在定价时不以成本为基础，而是根据市场需求状况来定价。这种定价方法的基本思路是将产品价格与市场上的需求量进行匹配，根据市场需求变化情况来调整价格。

当产品紧俏、市场供不应求时，就可以把产品价格定得高一些，以增强产品的盈利能力。反之，产品销售不畅、市场供大于求时，就可以把产品价格定得低一些，以增强产品的竞争能力。

需求定价法的优点是能够适应市场需求变化，实现价格的差异化，但这种定价策略也存在缺点，采用需求定价法需要对市场需求进行准确的预测和分析，但实际上，需求的准确预测和分析是比较困难的，在预测时容易出现较大偏差。

需求预测方法主要有两大类，定性预测和定量预测。定性预测是指基于主观判断得出结论，定量预测是指根据历史数据或因素变量来预测需求。在实际预测时，可以将定性和定量预测结合起来，以提高预测的准确性。另外，从预测准确度来看，短期预测往往会比长期预测更准确，因此商家也可以缩短预测期间，以提高预测准确度。

4. 认知价值定价法

认知价值定价法指的是根据消费者认为的价值来定价，基本思路是将产品价格与客户对产品的价值评估进行匹配，然后根据消费者对产品价值的感知，来提高或降低产品价格。

这种定价策略的优点是可以增加消费者对产品的认可和信任，针对不同的消费群体可实现价格的差异化，缺点是难以准确估计消费者对产品价值的感知。

消费者对产品价值的感知通常是一个主观的判断，采用这种定价策略需要与消费者保持良好的沟通，以了解消费者能够接受的产品价格范围，可采用市场调研、问卷调查和用户反馈等方式来获取相关信息。

实用范例 产品价格市场调查问卷

以下为产品价格市场调查问卷，网店商家可参考该问卷来设计店铺产品的市场调查问卷，然后将问卷发放给目标消费者，以了解消费者对产品定价的反馈。

1. 您认为 ×× 产品的价格是否合理？

A. 合理，可延续　B. 一般，有待改善　C. 不合理，建议新的定价方案

2. 您认为 ×× 产品的价格是否影响了您的购买决策？

A. 影响很大　B. 影响一般　C. 影响不大

3. 您认为我们公司的产品价格与质量相比如何？

A. 价格与质量相符B. 价格比质量高　C. 价格比质量低

4. 您认为我们公司的产品价格相对于竞争对手来说是？

A. 更高　B. 相当　C. 更低

5. 您是否会因为价格更低而选择购买其他品牌的产品？

A. 会　B. 不会

6. 您认为我们公司的产品价格应该如何调整？

A. 上调　B. 下调　C. 不需要调整

7. 您认为我们公司 ×× 产品的价格是否适合您的消费水平？

A. 适合　B. 不适合

8. 您认为我们公司的产品价格与其他同类产品相比是否合理？

A. 合理　B. 不合理

9. 您是否会因为商品价格的变化而更换品牌？

A. 是　B. 否

1.2.2 组合定价提高整体转化

组合定价是一种取得整体经济效益的定价方法，将互补或有关联性的产品组合在一起进行定价，组合定价有不同定价策略。

1. 产品线定价

产品线定价是指根据消费者对同一产品线不同档次产品的需求，对不同档次的产品进行差别定价的方法。比如同一系列的产品，按照档次高低分为基础版、舒适版和优享版，然后按梯度对产品进行定价。

有不同型号的产品、可以区分不同档次的产品都可以采用产品线定价，以满足不同消费需求的用户，比如同样款式的服装，根据品质分为了浅蓝色和浅蓝色优质版，在店铺销售时为这两种产品定不同的价格，消费者自然会根据自身需要来选购不同价格的产品，如图 1-12 所示。

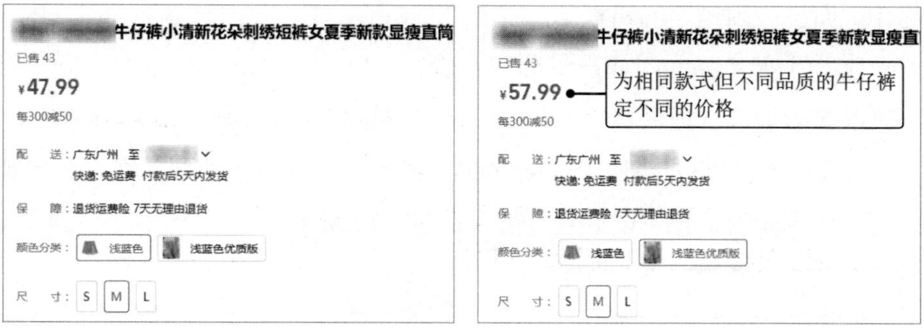

图 1-12　产品线定价示例

需要注意的是，产品线中不同产品的价差要适应消费者的心理需求，如果价差过大，会诱导消费者趋向于某一种产品；如果价差过小，又会导致消费者难以确定选购目标。

2. 备选产品定价

备选产品定价是同时对主要产品和与主要产品密切关联的配套产品进行定价，有两种策略：一是主要产品定价较低，备选品定价较高；二是主要产品定价较高，备选品定价较低。备选产品并不是必买品，但能满足消费者多样化的需求，如在销售壁挂过滤器时，在一个商品链接中不仅提供成品过滤器，还提供各种配件供消费者选择，如图 1-13 所示。

图 1-13　备选产品定价示例

3. 附属产品定价

附属产品是指必须与主要产品一起使用的产品，附属产品定价涉及与主要产品密切相关的附带产品的定价，具体的策略有两种。

①不对附属产品单独定价，而是将附属产品的价格合计在主要产品价格中，营造“附送”的错觉。

②为主要产品和附属产品分别定价，可以将主产品价格定得较低，附属产品定得较高，或者将主产品的价格定得较高，而附属产品定得较低。

比如剃须刀的刀头属于剃须刀的附属产品，在销售时可以将刀头与剃须刀架组合定价，也可以分别定价，如图 1-14 所示。

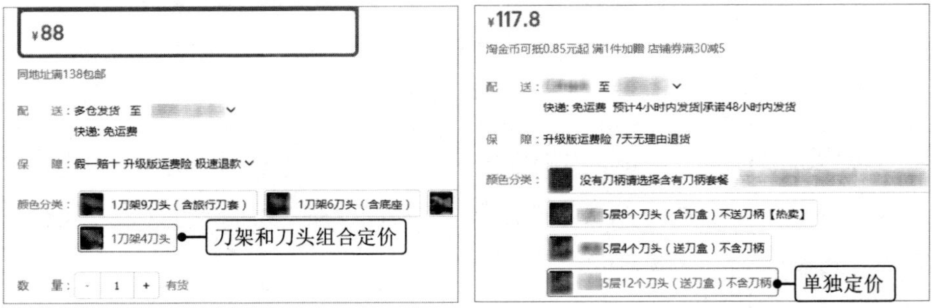

图 1-14 附属产品定价示例

4. 捆绑定价

捆绑定价是将几种产品组合在一起，以“套餐”价格出售，这种定价方法在电商平台被广泛运用。这种定价策略通常以低于单独购买总和的价格定价，能为消费者提供更优惠的价格和更便捷的购买方式，对企业来说，也能实现提高整体利润的目的。

但捆绑定价法也存在一定的缺点，如果捆绑的产品中有不受消费者欢迎的产品，那么会影响整个捆绑产品的销售。捆绑定价的形式有以下三种：

①同质产品捆绑定价。

②互补式产品捆绑定价。

③非相关性产品捆绑定价。

捆绑定价是一种在降低产品零售价的同时增加利润的策略，采用这种定价策略时要找到适合捆绑销售的产品组合，比如店铺中受欢迎的爆品捆绑在使用上能够相互补充的产品，或者新品与热销品的组合等，如图 1-15 所示。

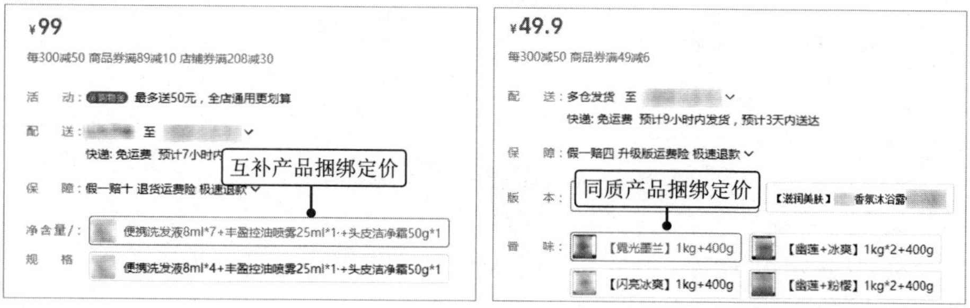

图 1-15　捆绑定价示例

1.2.3　电商定价的三种技巧

在为电商产品定价的过程中，也有一些技巧可以运用，灵活运用这些技巧可帮助产品获得更多成交。

1. 非整数定价法

非整数定价法是指将商品价格定成带有零头结尾的非整数，这是一种能够激发消费者购买欲望的定价方法。当商品的定价不取整数而取零头的时候，消费者会感觉更优惠。

电商平台上很多商品都不会取整十、整百、整千的定价，而是取零头定价，如 199.80 元和 200.00 元，两者仅相差 0.20 元，却会让消费者认为 200.00 元贵很多。非整数定价法利用了消费者对价格感知的差异，是一种典型的心理定价法，适合价格不高，会多次复购的产品，比如日用品、易耗品等。

2. 敏感数字定价法

价格的尾数不同，给消费者带来的心理感受也会不同。大多数消费者更喜欢 9、8、6 等数字，而不喜欢 7、4、3 等数字，在定价时也可以多用更受消费者欢迎的数字，如图 1-16 所示。

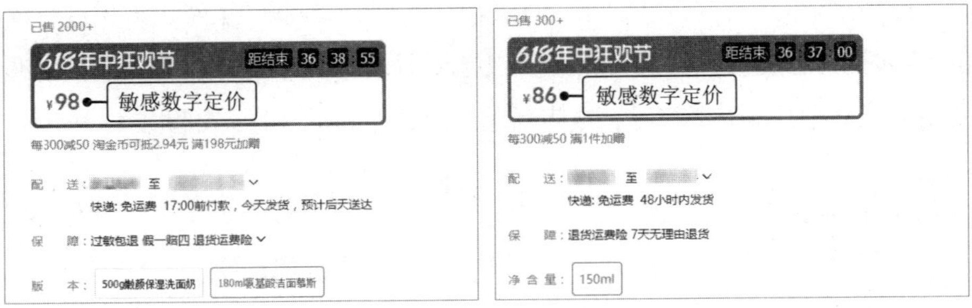

图 1-16 敏感数字定价法示例

3. 分割定价法

针对价值比较高的商品，可以采用分割定价法。定价的具体策略是将商品的计量单位细分化，然后按照最小的计量单位报价，让消费者在心理上感觉便宜，买得起。比如黄金，如果以千克进行标价，会让顾客觉得很贵，如果按克标价，会更容易让消费者接受。图 1-17 为分割定价法示例。

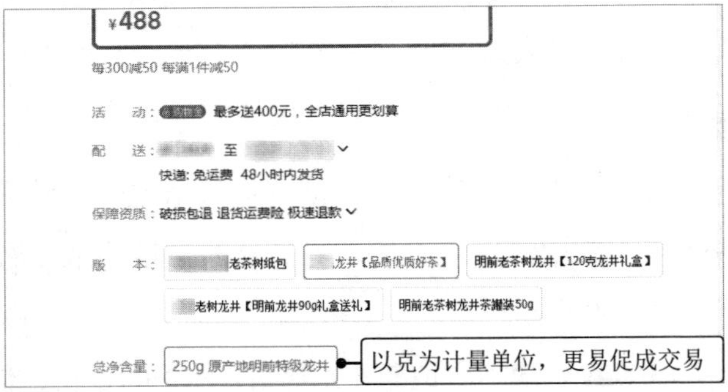

图 1-17 分割定价法示例

1.3 打造爆款产品的技巧

爆款产品是指在商品销售中销售量很高的商品，每一位在电商平台开店的商家都会想要打造出爆款商品，这不仅能提升店铺的销量，还能带动店铺自然流量的提升，增加店铺的曝光率，从而使店铺获得更多盈利和被发现的机会。想要打造爆款产品，除了要做好店铺的基本运营工作外，还需要运用一些技巧。

1.3.1　爆款分析了解关键要素

一款产品要成为爆款，需要具备一些核心要素，只有满足了这些核心要素，该产品才有机会卖爆。

1. 受众面广

具备爆款属性的产品，受众面都不会太窄，只有拥有足够多的受众人群，才能保证产品销量，从这一点来说，爆款产品具有三大特点。

①普适性高：属于能被大部分消费者接受和使用的产品。

②销售周期长：能跨季节售卖，或者不受时间限制，销售时间段长。

③复购率高：复购率高的产品更容易成为爆款。

2. 较高的性价比

观察电商平台中的爆款商品可以发现，这些商品并不全是低价产品，低价虽然能引起消费者冲动消费，但不代表能够引爆销量。以淘宝平台为例，搜索“爽肤水”这一产品，并按销量排序。

从图 1-18 中的搜索结果可以看出，销量排名靠前的产品并不是以超低价格取胜的。实际上，消费者在购买产品时并不会只关注价格，更多消费者看重的是性价比。性价比是商品的性能值与价格值比，反映的是一款产品的可买程度，即：性价比 = 性能 ÷ 价格。

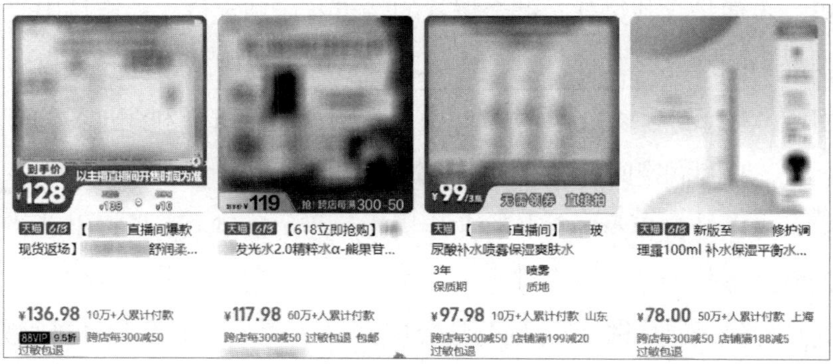

图 1-18　淘宝平台爽肤水产品按销量排序结果

性价比高的产品并不能说明就便宜，性价比高说明相对于其他产品来说这款产品更划算。在竞争激烈的电商市场，很多消费者在下单前都会货比三家，在对比的过程中，消费者往往会选择性价比高的产品。

3. 产品质量好

产品质量也是衡量一款产品能否成为爆款的重要因素，如果产品的质量不过关，那么势必会有很多买家退换货或者给差评，这对爆款的打造会有很大的影响。产品退货率高，不仅会增加店铺的成本，还会影响店铺的声誉和口碑，进而影响店铺在电商平台的排名和竞争力。

差评会直接影响一款产品的销量，大多数消费者都会将商品评价作为下单的参考因素，当看到负面评价时，对这款商品的好感度也会降低，转而选择其他同类产品。因此，要打造爆款产品，需保证这款产品质量过关，好的品质能赢得好口碑，好口碑能带来多次购买，提高复购率。

1.3.2 打造爆款的六大步骤

要在竞争激烈的市场中打造出一款爆款产品，无疑是一项极具挑战的工作，这需要商家了解市场、用户和产品。另外，爆款产品的打造并非一蹴而就，期间还需要了解市场的变化，不断优化运营策略和产品，总的来看，爆款产品的打造可分六大步骤。

1. 寻找潜力爆款产品

第一步便是寻找爆款，结合爆款的特点及店铺定位，去市场中筛选具备爆款潜力的产品。需要注意，在爆款打造的过程中常常需要依靠营销推广来引流，考虑到后续的运营成本，在选品时就不能选择利润过低的产品，从长远看，有利润空间才能让爆款长久地卖下去。

卖家可以结合自身经验及行业热卖榜、商品榜单、市场搜索趋势等数据选择潜力爆款产品。以淘宝平台为例，可通过生意参谋查看细分市场下热销商品和飙升商品排行榜，同时结合搜索词、趋势词排行和飙升排行数据，了解淘宝平台的搜索趋势，为选品提供参考，图 1-19 为生意参谋搜索页面。

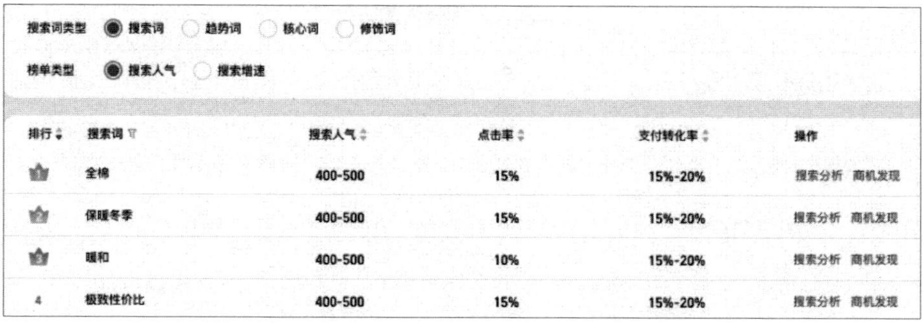

排行	搜索词	搜索人气	点击率	支付转化率	操作
1	全棉	400-500	15%	15%-20%	搜索分析　商机发现
2	保暖冬季	400-500	15%	15%-20%	搜索分析　商机发现
3	暖和	400-500	10%	15%-20%	搜索分析　商机发现
4	极致性价比	400-500	15%	15%-20%	搜索分析　商机发现

图 1-19　生意参谋搜索词排行页面

2. 测款

选好产品后并不代表产品上架后就一定能成为爆款，卖家需要对所选产品进行测试，了解市场对产品的反应，以降低风险。测品的方法有多种，其中一个方法是预售测款，即将选出来的产品作为预售款上架，然后观察商品的点击率、收藏数、停留时长、预订付款数等数据，通过数据来看该款产品正式售卖后是否能取得好的市场反馈；有多个产品进行测款时，还可以进行数据对比，一般来说，具备爆款潜力的商品在预售阶段就可以获得较高点击量和收藏量，代表对产品感兴趣的消费者较多，如图 1-20 所示。

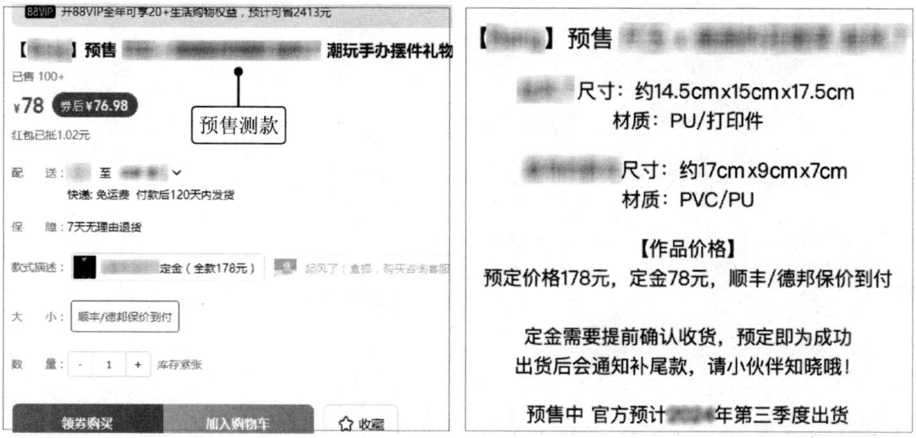

图 1-20　产品预售示例

此外还有其他测款方法可供选择，具体见表 1-3。

表 1-3　产品测款的方法

测款方法	具体操作
付费推广测款	将产品上架后投入少量资金做付费推广，使产品能够匹配精准的消费群体，通过目标受众对产品购买意向的反馈来快速测试出哪款产品更容易被买家接受，更具有爆款的潜质
自然流量测款	不使用付费推广工具，仅通过店铺的自然流量来评测产品的爆款潜力，相比付费推广测款，时间可能更长，但投入成本更低
直播间测款	在直播间上架需要测款的产品，通过直播间观众的反馈来测试哪些产品可能成为潜力爆品
老客户测款	如果店铺已经积累了一定数量的客户，那么可以将需要测款的产品发到粉丝群，或者在粉丝群预告这是可能上架的新品，看老客户对该款产品的购买意愿

3. 设计优质的详情页

详情页是吸引买家下单转化很重要的一个页面，好的详情页不仅可以留住客户，还能提升转化率，从而为爆款产品的打造提供极大帮助。详情页的设计要能够赢得客户信任，以促使消费者购买，内容可以包括产品展示、产品相关细节信息、产品使用说明等，图 1-21 为某产品详情页部分内容。

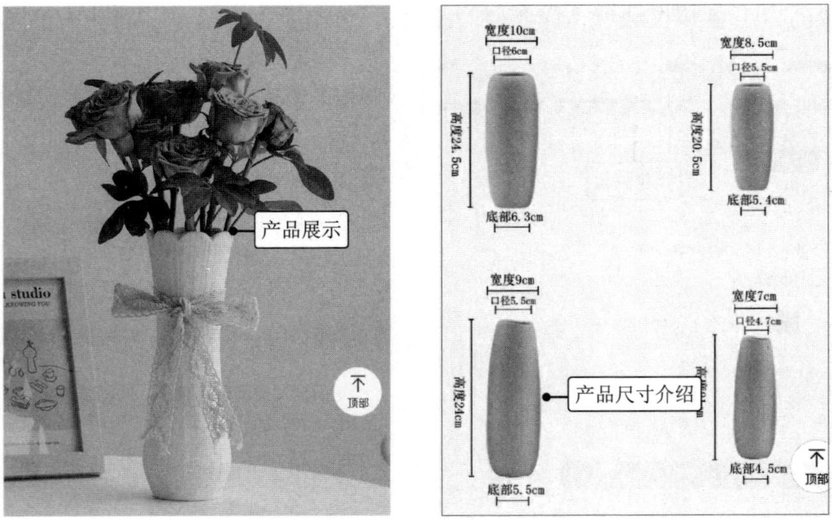

图 1-21　产品详情页示例

4. 营销推广

在爆款打造的过程中，也需要配合营销推广来为产品积累真实的成交量，产品销量上去了，才能提升成为爆品的概率。现在电商平台的推广方式有多种，包括关键词推广、视频推广、图文推广等，卖家可根据自身情况选择。

5. 评价维护

在产品有了一定销量后，就要开始进行评价维护了，这一步是确保商品持续热销并保持竞争力的关键，如果不注意维护和优化评价，几个差评就可能导致产品转化率一落千丈。因此，在打造爆款的过程中，商家需要格外注重评价的维护。

6. 持续优化运营

在爆款打造的过程中要结合数据分析持续优化产品的运营策略，以适应不断变化的市场环境，通过提高产品质量和服务水平、加强营销推广、优化详情页等方式吸引更多潜在消费者，持续推爆产品，在这个过程中也能够不断提升店铺的竞争力。

1.3.3　如何快速推爆单品

爆款产品有生命周期，在不同时期会有不同的表现，运营策略也会有所不同。从爆款产品上架到下架，一般会经历四个时期的变化，导入期、成长期、成熟期和衰退期，如图 1-22 所示。

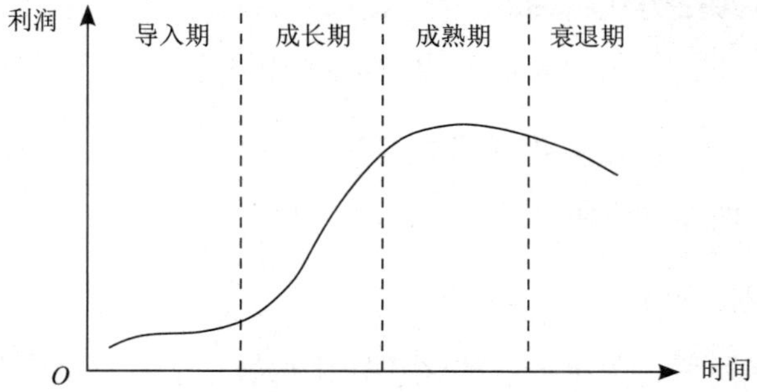

图 1-22　生命周期曲线

1. 导入期

导入期是产品即将上架或刚上架的时期，这个时期的主要工作是选款、测款和预热，选款和测款在第 1.3.2 节的内容中已经介绍了，这里主要介绍预热。在产品刚上架时，可能会出现销量和流量都上不去的情况，为了帮助产品增加人气，实现销量破零，需要增加产品的曝光。但此阶段还不清楚该产品是否能被消费者接受，是否能够成为爆款，因此不需要很大的投入来引入大量流量，只需保持基本的流量即可，有以下策略可供采用。

老客户营销：通过短信、粉丝群等渠道向老客户发布新品上新消息，鼓励老客户收藏加购。

店铺主页营销：在网店主页放上产品预热海报，告知进店的消费者有产品上新或是新品优惠活动，引导客户将产品加入到购物车中或下单购买，如图 1-23 所示。

图 1-23　店铺主页新品营销

客服引导转化：在消费者购买店内其他产品时，客服可以适时向客户推荐新品，以增加关注和收藏加购。

2. 成长期

经过预热阶段，如果产品的销售转化很好，适合打造爆款，那么在成长期就可以加大对此商品的推广力度，通过增加营销上的投入让产品更快爆单。在该阶段可采用的营销策略有多种，比如站内付费推广、短视频推广、直播推广、社交媒体推广、活动推广等。通过多渠道推广让更多的买家能够关注到这款产品，促进订单量短期快速上涨。

在加大营销投入的同时也需要观察该产品的数据表现，看产品的流量及成交量是否得到了快速增长，以判断该产品是否值得继续做下去。如果产品有很高的点击率，但转化率很低，可见引入的流量并没有真正转化为销量，这时需要分析是哪方面出现了问题，是主图、商品标题还是详情页的问题，或是产品负面评价引起的，然后有针对性地做优化。

另外还需要注意，成长期的营销推广投入应该限定在店铺能够承受的范围内，卖家需要结合推广的方向和目标、费用的投入多少来制订可执行的推广计划，表 1-4 为产品推广计划表示例。

表 1-4　产品推广计划表

时　间	目　标	项　目	具体内容	预期效果	备注
第一周	保证每天稳定出单	折扣营销			
		精准广告推广			
		短视频推广			
		初步优化详情页			
第二周	稳定出单且增加流量入口	关键词排名优化和推广			
		站内持续推广			
		直播推广			
		站外推广			
第三周	流量稳步上升且稳定出单	评价维护（差评处理、引导好评带图评论）			
		站内秒杀推广			
……					

3. 成熟期

第三个阶段为成熟期，进入成熟期后也就意味着该产品成为爆款已经指日可待了。当产品在成长期获得大量的成交后，该产品也会被电商平台判定为热销品，平台给予的流量也会有一定程度的倾斜。

成熟期阶段流量相对稳定，只要保证产品能稳定出单即可，卖家要做的是维护好排名和转化、控制成本和拓展新客户，延长成熟期，获取更多利润。

具体的工作有关键词、商品描述、营销推广和售后服务等的运营优化，关键词优化有助于提高排名，提升产品被搜索到的概率；商品描述优化则有助于提高转化率；售后服务优化则是防止出现过多差评带来不良后果。

在此阶段，结合前期的数据可以了解到不同营销推广工具的效果，效果好的可以继续推广，效果不好的就减少推广，以控制推广成本。

同时还要留意平台的活动，通过参与平台活动为产品引入更多额外流量，拓展新客户，以促进销量的进一步提升。在成熟期还可以将爆款产品的流量导向店铺其他产品。

①与店铺的利润款做关联营销、搭配销售，提升利润款的流量和销量。

②将爆款产品的流量导入正处于导入期或成长期的产品，有利于下一个爆款的养成。

如在爆款产品详情页添加“推荐”营销模块，带动其他产品的销售。图 1-24 为淘宝店铺详情页编辑页面，可在“营销模块”中选择“店铺推荐”模块，排序方式有“千人千面”和“商品添加顺序”两种。

图 1-24　淘宝“店铺推荐”模块

添加“店铺推荐”模块后，在详情页“本店推荐”中就可以看到推荐的产品，买家可通过商品链接进入购买页面，如图 1-25 所示。

图 1-25　店铺推荐在详情页的展示方式

4. 衰退期

产品在热卖一段时间后，市场关注度会下降，销量在到达顶峰之后逐渐下滑，这表明产品进入了衰退期，此阶段的运营策略有以下一些：

①减少产品的广告投入，做好新爆款的挖掘和开发工作。

②做好售后服务，为店铺积累更多回头客。

③配合折扣、促销等方式去库存，避免爆款产品库存积压。

④将爆款产品变成引流款，为店铺或者新品导流。

1.3.4　低销量产品如何提升转化

影响商品销量的因素有很多，不同的店铺存在的问题又有所不同，因此要先进行诊断分析，然后“对症下药”，常见原因及其对策有以下一些。

1. 权重低

权重越高，产品的排名也会越高，也意味着产品能获得更大的曝光率和展现量。影响权重的因素有店铺因素和产品因素，包括店铺动态评分、卖家资质、店铺违规情况、产品点击率和收藏加购数等。

卖家要做好店铺的日常运营，维护好店铺评分，避免违规降权影响权重。

实用范例 淘宝店铺综合体验分

以淘宝为例，淘宝平台以综合体验分来评估店铺的综合表现，该评分对于卖家来说有以下影响。

①综合体验分会向消费者展示，为消费者下单提供决策参考，评分低，消费者可能会认为店铺的商品质量、服务等方面存在问题，从而选择其他评分更高的店铺进行购买。图 1-26 为店铺综合体验分在店铺首页和商品详情页的展示。

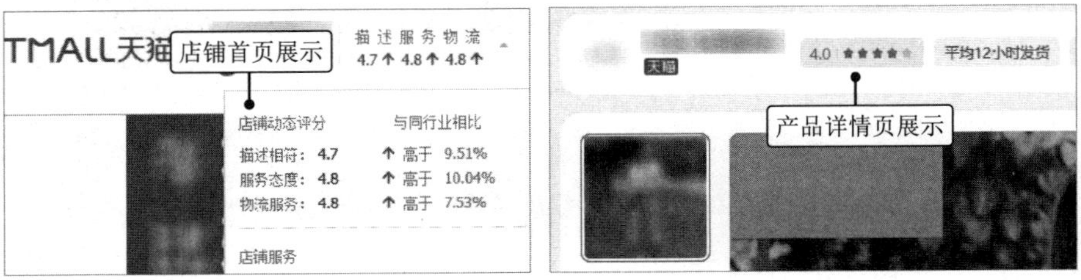

图 1-26　店铺综合体验分在店铺首页和商品详情页的展示

②影响手机端淘宝首页商品搜索曝光度，综合体验分越高，商品搜索排序越靠前。

③影响商品的复购率，分数越高，消费者复购概率越大，根据淘宝平台数据分析，每提升 0.1 分，复购率约提升 2%（行业平均计算结果）。

④影响营销活动报名，若综合体验分过低，将影响聚划算、天天特卖、大促等营销活动的报名。

⑤影响卖家评选资格，比如金牌卖家、金牌客服等的评选资格。

由此可见，对于淘宝卖家来说，综合体验分是很重要的。那么卖家要如何提升综合体验分呢？淘宝店铺的综合体验分由商品体验、物流体验和服务体验计算得出，公式如下：

店铺综合体验分 = 商品体验得分 × 该项权重 + 物流体验得分 × 该项权重 + 服务体验得分 × 该项权重

单项权重根据各行业策略要求来确定，不同时期对不同类目的权重也会有相应的要求和调整，比如 3C 数码配件类目的商品体验权重、物流体验权重和服务体验权重分别是 35%、35%、30%；居家日用类目的商品体验权重、物流体验权重和服务体验权重分别是 30%、30%、40%。要了解店铺所属类目权重，可查看淘宝类目权重规则。

商品、物流和咨询体验这三个维度的指标明细和公式见表 1-5。

表 1-5　综合体验分指标说明

维　度	指　标	指标公式
商品体验	首次品退率	首次品退率＝近 30 天支付订单里发起退款且首次原因为商品质量或品质相关的订单笔数 ÷ 近 30 天支付成交订单笔数 ×100%
	商品差评率	商品差评率＝近 30 天描述相符被评价 1 星或 2 星的次数 ÷ 近 30 天确认收货订单笔数 ×100%
物流体验	48 小时揽收及时率	48 小时揽收及时率＝［近 30 天现货订单（未设置发货合约或者合约时间小于等于 48 小时）揽收时间早于 48 小时的订单 ×100%+ 近 30 天预售订单揽收时间早于发货合约时间的订单 ×70%］÷ 近 30 天应揽收订单量 ×100%
	物流到货时长	物流到货时长＝近 30 天支付（货到付款订单则为下单时间）且签收成功的总时长 ÷ 支付且已签收订单笔数
	物流差评率	物流差评率＝近 30 天物流服务被评 1 星或 2 星的次数 ÷ 近 30 天确认收货订单笔数 ×100%
咨询体验	旺旺人工平响时长	旺旺人工平响时长＝近 30 天早上 8 点～晚上 11 点前消费者与商家人工阿里旺旺每个对话轮次的回复时长之和 ÷ 近 30 天该时段人工咨询对话轮次总数
	退款处理时长	退款处理时长＝近 30 天商家处理退款的总时长 ÷ 退款完结总笔数
	纠纷投诉商责率	纠纷投诉商责率＝（近 30 天判定为卖家责任且生效的退款笔数＋近 30 天投诉介入判定成立且处罚生效的投诉笔数）÷ 近 30 天支付成交订单笔数 ×100%

了解各指标的计算公式后，就可以结合店铺的具体情况来提升综合体验分，如以下策略：

①提高产品质量，降低商品退款率。

②提高产品发货速度，减少发货超时订单数。

③尽量少用物流速度比较慢的快递。

④做好客服工作交接安排和培训，提高客服服务意识和服务态度。

⑤设置自动退款，提升店铺服务效率。

⑥做好售前、售后服务，减少纠纷。

2. 基础薄弱

产品如果缺乏基础销量和客户评价，那么消费者将很难对产品产生信任感，这也会导致销量上不去。面对这种情况，卖家需要做好详情页的设计，在详情页中准确传达产品优势，打消买家的消费疑虑，促使其下单。同时，积极邀请确认收货的买家好评，通过客服留言、好评有礼等方式，鼓励客户对产品做出正面评价。随着店铺好评率的提升，成交转化率也会自然提高。

3. 曝光不足

曝光不足也可能导致产品销量低。针对曝光不足的产品，应通过多种方式来获取流量，如搜索优化、关联销售、短视频推广、直播推广、付费推广等，随着曝光率的提升，会带来更多潜在消费者。

需要注意一点，在做营销推广时一定要确定目标人群，如果目标人群定位模糊，将难以精准触达目标消费者而实现产品的高效转化。

第2章

商品销售环节的运营管理

商品销售管理是网店运营的核心之一，卖家需要通过科学的管理方法和策略吸引顾客和提高销量。本章就来看看在电商商品销售环节，需要做好哪些运营工作。

2.1 商品备货与上下架管理

网店中销售的商品主要可分为两大类，一类是虚拟产品；一类是实物产品。

虚拟产品无需备货，能降低成本和管理难度，但电商平台对发布虚拟商品都有门槛要求，比如在淘宝提供游戏充值服务，需要申请入驻“专营制”数字娱乐生活市场，入驻后才能在网络游戏点卡、腾讯QQ专区、游戏服务、数字生活类目下发布商品，且无法在其他类目发布商品。若发布的商品属于《淘宝网须提供官方授权的虚拟类商品目录》，还须提供以厂商为授权来源的授权书。

另外，该类目商家除须遵循《淘宝网保证金管理规范》的基础额度要求外，还须额外缴纳特殊额度保证金，具体额度要求见表2-1。

表 2-1　特殊额度保证金要求

近 30 天全店成交量	保证金标准（元）
$N < 100\,000$	20 000.00
$100\,000 \leqslant N < 1\,000\,000$	50 000.00
$N \geqslant 1\,000\,000$	100 000.00

由此可见，作为特殊类目，并不是所有商家都能满足虚拟商品销售的条件。对销售实物类产品的商家来说，更需要做好备货及上下架管理工作。

2.1.1　供应商管理找到合适的货源

在电商行业中，货源是非常重要的一环。没有好的货源，即使再好的运营管理，也无法支撑店铺长期稳定经营。寻找货源的途径有很多种，本书介绍常用的途径。

1. 阿里巴巴采购批发网

阿里巴巴采购批发网（1688）能提供源头好货，该平台具有品类全、货源丰富、价格实惠、方便快捷等优势，进入网站首页后，可通过搜索商品、供应商等方式找货源，如图 2-1 所示。

图 2-1　阿里巴巴采购批发网首页

在阿里巴巴采购批发网找货源要注意筛选供应商，找到靠谱的供应商，产品质量和售后服务就更有保证。

实用范例　在阿里巴巴采购批发网找优质供应商

阿里巴巴采购批发网上的供应商有源头工厂，也有中间商和经销商，要想拿到一手货源，或者进行产品的生产加工，需要找到合适的工厂。卖家可以通过“找工厂”板块找靠谱的厂家，如图 2-2 所示。

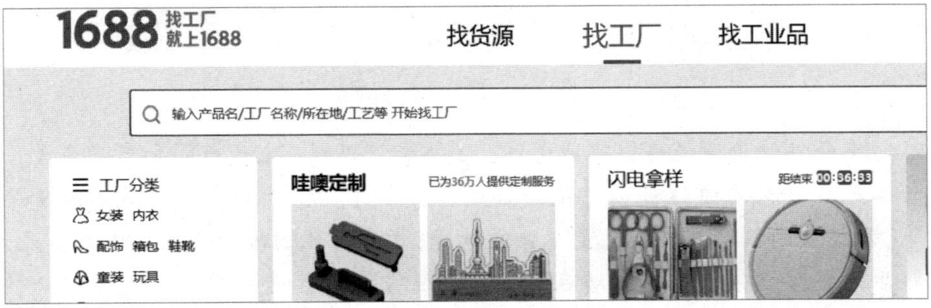

图 2-2　阿里巴巴采购批发网“找工厂”板块

卖家可以根据自身需求筛选工厂，以提高找工厂的效率，如图 2-3 所示。

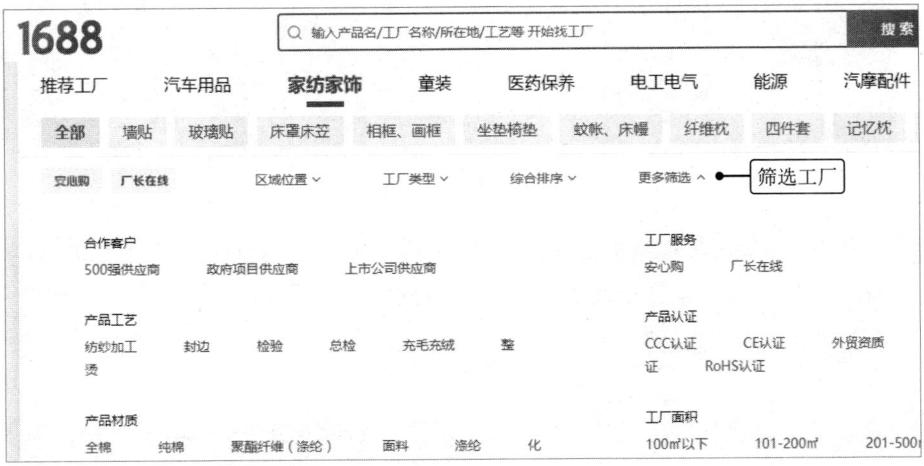

图 2-3　筛选工厂

找到工厂后注意审查工厂的相关信息，包括营业执照、成立时间、资质证书、工厂实地图片等，从而找到真实优质的工厂，如图 2-4 所示。

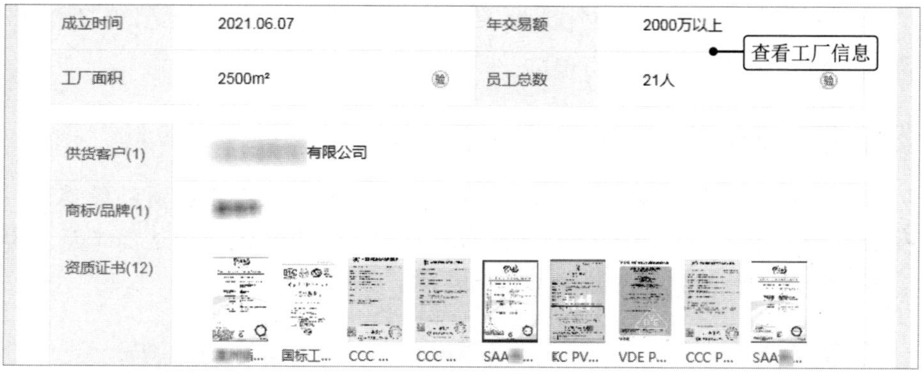

图 2-4　查看工厂信息

有条件的卖家还可以实地考察，了解工厂规模、生产车间和产品质量，与工厂负责人沟通后再确定是否与该工厂合作。在所需货源量不多的情况下，找优质的供应商合作也是不错的选择，卖家可以通过搜索的方式找货源，然后设置筛选条件，包括所在地区、经营方式等，这一步可以快速过滤掉一些不符合要求的供应商，如图 2-5 所示。

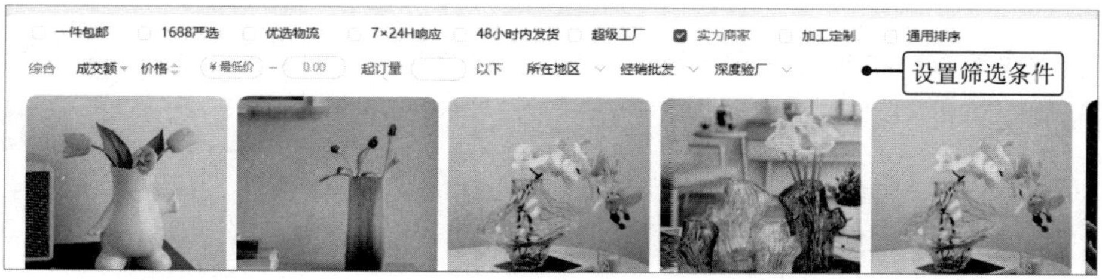

图 2-5　设置筛选条件

根据筛选出来的结果进一步查看产品信息、产品评价、商家综合服务评分、资质证书、合作方式等信息，从而找出靠谱的供应商，如图 2-6 所示。

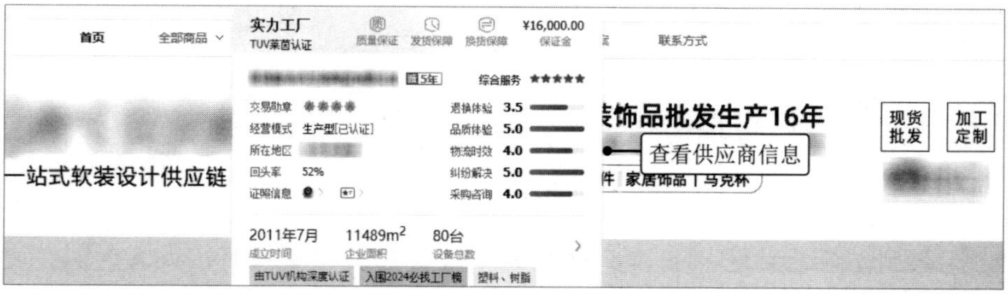

图 2-6　查看供应商信息

除阿里巴巴采购批发网外，其他采购网站也是卖家找货源的渠道，卖家可以多方比较，如义乌购、玩具巴巴等。

2. 线下批发市场

许多城市都有大型批发市场，通过这些批发市场也可找到优质货源，且由于可以直接看货、谈价，在一定程度上能保证货源的质量，缺点是需要花费更多的时间和精力，在批发市场找货源也有一些注意事项。

①提前了解批发市场的营业时间及楼层分布，避免走弯路而浪费时间。

②明确货物的需求和定位，以便于有针对性地寻找货源。

③尽量货比三家，在与批发商谈价时不可露怯，以免被故意抬价。

④谈合作时问清楚是否可以退换货、退换货比例为多少，及付款方式、发货方式等信息，确保双方合作愉快且长期可持续。

3. 展会

很多供应商及有一定规模的厂家都会参加行业展会，卖家可以与参展商面对面交流，积累优质的供应商资源。在这个过程中最好建立供应商卡片，以便于后续进行供应商比较分析和筛选，可以以调查表的形式建立供应商信息卡片，见表 2-2。

表 2-2　供应商调查表

<table>
<tr><th colspan="7">供应商基本信息</th></tr>
<tr><td>供应商全称</td><td colspan="4"></td><td>使用商标</td><td></td></tr>
<tr><td>行业类别</td><td></td><td>业务性质</td><td colspan="2"></td><td>经营模式</td><td></td></tr>
<tr><td>占地面积</td><td></td><td>厂房面积</td><td colspan="2"></td><td>负责人</td><td></td></tr>
<tr><td>固定资产</td><td></td><td>年产值</td><td colspan="2"></td><td>销售额</td><td></td></tr>
<tr><td>公司地址</td><td colspan="6"></td></tr>
<tr><th colspan="7">主要联系人</th></tr>
<tr><td>联系人姓名</td><td>性别</td><td>职务</td><td>办公电话</td><td>手机号码</td><td>电子邮件</td><td>传真</td></tr>
<tr><td></td><td></td><td></td><td></td><td></td><td></td><td></td></tr>
<tr><td></td><td></td><td></td><td></td><td></td><td></td><td></td></tr>
</table>

<table>
<tr><th colspan="7">主要产品</th></tr>
<tr><td>产品名称</td><td>年产量</td><td>销售额</td><td>占总销售额的百分比</td><td>剩余产能</td><td>产品量产时间</td><td>优势说明</td></tr>
<tr><td></td><td></td><td></td><td></td><td></td><td></td><td></td></tr>
<tr><td></td><td></td><td></td><td></td><td></td><td></td><td></td></tr>
<tr><th colspan="7">主要客户市场</th></tr>
<tr><td>行业和地区</td><td>提供的产品</td><td colspan="5">说明</td></tr>
<tr><td></td><td></td><td colspan="5"></td></tr>
<tr><td></td><td></td><td colspan="5"></td></tr>
<tr><th colspan="7">关键设备简介</th></tr>
<tr><td colspan="2">设备名称 / 型号</td><td>产地</td><td>生产商</td><td>技术优势</td><td>设备生产时间</td><td>数量</td></tr>
<tr><td colspan="2"></td><td></td><td></td><td></td><td></td><td></td></tr>
<tr><td colspan="2"></td><td></td><td></td><td></td><td></td><td></td></tr>
<tr><th colspan="7">人员数量信息</th></tr>
<tr><td>管理人员</td><td>技术人员</td><td>业务人员</td><td>质检人员</td><td>生产人员</td><td>事务性人员</td><td>总人数</td></tr>
<tr><td></td><td></td><td></td><td colspan="2"></td><td></td><td></td></tr>
<tr><th colspan="7">供应商发展简介及质量保证能力</th></tr>
<tr><td>发展简介</td><td colspan="6"></td></tr>
<tr><td>供应商贯标名称及日期</td><td colspan="6"></td></tr>
<tr><td>是否通过认证</td><td></td><td>认证标准</td><td colspan="2"></td><td>通过认证日期</td><td></td></tr>
<tr><td>认证机构名称</td><td colspan="4"></td><td>认证证书编号</td><td></td></tr>
</table>

表 2-2 中的信息可根据供应商情况增减，卖家可利用调查表对供应商进行分析，比较各个供应商的优势和劣势，包括产品种类、规格和质量水平是否符合要求，供应商的实力和规模如何，供应商的信用度是高还是低，现有的设备工艺、生产技术、管理水平是否能满足所需货源的供应，仔细对比分析后选出符合需要的供应商。

并不是每个供应商都能成为长期合作伙伴，在与供应商建立合作关系后，卖家也需对供应商进行定期评估，帮助识别出高质量、可长期合作的供应商。与供应商建立稳定的合作关系，可以争取更有利的货源价格和供应量，降低采购成本，减少风险。卖家可以结合表 2-3 对合作供应商进行评估。

表 2-3　供应商评估表

<table>
<tr><td colspan="2">供应商名称</td><td colspan="6"></td></tr>
<tr><td colspan="2">联系人</td><td colspan="2"></td><td>电话</td><td></td><td>备注</td><td></td></tr>
<tr><td colspan="2">提供产品名称</td><td colspan="3"></td><td>产品执行标准</td><td colspan="2"></td></tr>
<tr><td>序号</td><td>评审内容</td><td colspan="6">评审情况</td></tr>
<tr><td>1</td><td>质量体系</td><td colspan="2">□质量体系认证</td><td colspan="2">□无</td><td colspan="2"></td></tr>
<tr><td>2</td><td>执行标准</td><td colspan="2">□能执行标准</td><td colspan="2">□无标生产</td><td colspan="2"></td></tr>
<tr><td>3</td><td>生产能力</td><td colspan="2">□超过历年最好销售量</td><td colspan="2">□基本满足</td><td colspan="2">□不满足</td></tr>
<tr><td>4</td><td>生产方式</td><td colspan="2">□流水作业成批生产</td><td colspan="2">□单件生产</td><td colspan="2"></td></tr>
<tr><td>5</td><td>设计能力</td><td colspan="2">□自行设计</td><td colspan="2">□能设计简单产品</td><td colspan="2">□不能设计</td></tr>
<tr><td>6</td><td>提供产品质量</td><td colspan="2">□优</td><td colspan="2">□良</td><td colspan="2">□一般</td></tr>
<tr><td>7</td><td>服务情况</td><td colspan="2">□优</td><td colspan="2">□良</td><td colspan="2">□一般</td></tr>
<tr><td>8</td><td>按时交货情况</td><td colspan="2">□较好</td><td colspan="2">□一般</td><td colspan="2">□较差</td></tr>
<tr><td>……</td><td></td><td colspan="6"></td></tr>
<tr><td colspan="2">评审意见</td><td colspan="6">评审人：　　日期：　年　月　日</td></tr>
<tr><td colspan="2">复评记录</td><td>是否保持长期合作</td><td colspan="2"></td><td>时间</td><td colspan="2"></td></tr>
</table>

2.1.2　明晰行情避免高价拿货

对于电商卖家来说，拿货价的高低直接关系产品的利润空间，为避免高价拿货，商家需要了解市场行情，确保商品的拿货价合理，有三种方法可以帮助判断当下的价格是否合理。

1. 供应商报价对比

在找货源的过程中，电商卖家可以将不同供应商之间的报价进行比较，从而确定合理的市场价格。在实际工作中会出现不同供应商的报价存在较大差异的情况，主要因素有以下八点：

①供应商提供的产品质量不同。

②供应商为留出谈价空间而报高价。

③渠道不同，比如厂家的价格会比中间商低。

④不同的供应商追求的利润水平不同，追求高利润的供应商会报更高的价格。

⑤供应商本身的成本构成存在较大差异，导致报价不同。

⑥提供的服务不同，比如有的供应商报价更高，但能提供更多的配件和更长的质量保证期。

⑦供应商为抢占市场而采取低价策略，因此报价比其他供应商更低。

⑧供应商提供的产品具备品牌价值，因此相比其他供应商报价更高。

供应商在报价时会根据自身经营策略、产品质量、服务水平等制定价格。因此，在评估报价是否合理时，要综合考虑这些因素，了解报价背后的真实意图。横向对比供应商价格时，最好选择企业规模、生产能力、服务内容、质量标准相近的供应商进行比较，这样更容易判断出供应商报价是否合理。

如果某个供应商的报价明显高于或低于其他供应商，这时需要进一步分析高价的原因，判断低价是否可取，高价可能反映了更好的材料或工艺水平，有的供应商也可能在价格中包含了额外的服务，如定制包装、快速物流等。对于报价远低于市场平均水平的供应商，应深入了解其生产能力、商业信誉和历史订单评价，这能帮助评估低价是否可靠。

2. 历史数据法

历史数据法是将供应商的报价与历史报价或交易数据进行比较，以此来评估当下价格合理性的方法。当然，产品的价格并不是一成不变的，会随着市场供求、原材料成本等因素的变化而波动，因此在对比历史价格时，要环比、同比结合分析。电商卖家可以根据产品的历史采购价格或历史价格行情数据制作价格趋势图，从而判断供应商的报价是否在合理范围内，如图 2-7 所示。

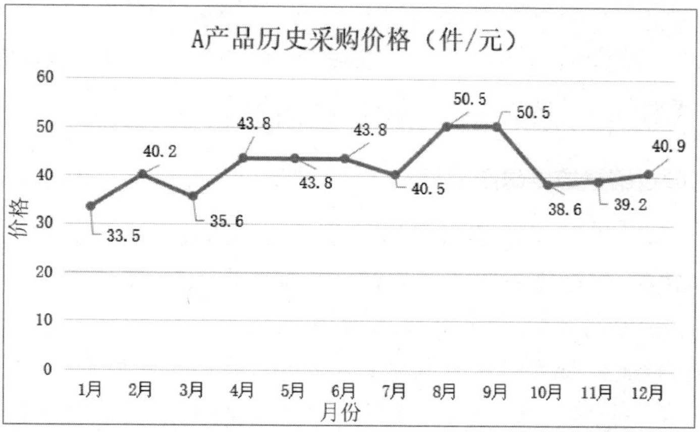

图 2-7　价格趋势图示例

3. 应用经验法

应用经验法适合对市场行情非常熟悉的电商卖家，凭借丰富的经验，卖家可以对产品进行主观的估价，从而判断供应商是否报了高价。在评估报价时，与供应商进行沟通和协商是非常重要的环节，通过深入沟通可以了解供应商的经营情况及报价背后的原因。另外，在该环节还可以与供应商就价格、交货期、质量等进行谈判，以争取优惠条件和合理的价格。

结合以上方法进行比价分析后，电商卖家应该对市场行情有了全面的了解，综合产品质量、服务、交货时间等因素后，最终选择供应商时有以下建议可供参考：

①选择高报价供应商，应评估供应商提供的产品价值或服务价值是否能满足需求。

②选择低报价供应商，应确认产品可靠性和质量保障，如果满足产品

质量要求，并且没有隐性成本，那么可以考虑。

③选择价格接近市场平均水平的供应商，注意考察供应商口碑，口碑良好的供应商更能保证产品质量和供应稳定。

2.1.3 学会看数据，备货更科学

在网店经营过程中，备货一直是非常重要的一个环节。备货量太多，可能会出现产品滞销、库存积压的问题；备货量太少，又可能出现断货问题。那么商家要如何科学备货呢？下面来看具体的案例。

实用范例 通过销量数据确定备货量

网店商品备货需要考虑销量。销量好的产品应适当多备货，销量差的产品则少备货。可参考以下公式来计算备货量：

备货量 = 平均日销量 × 备货天数 × 备货系数 − 库存

产品的销量数据可以在商家后台或第三方数据平台查看，可统计 7 天、14 天、30 天、60 天或 90 天的销量数据，计算平均日销量，如图 2-8 所示。

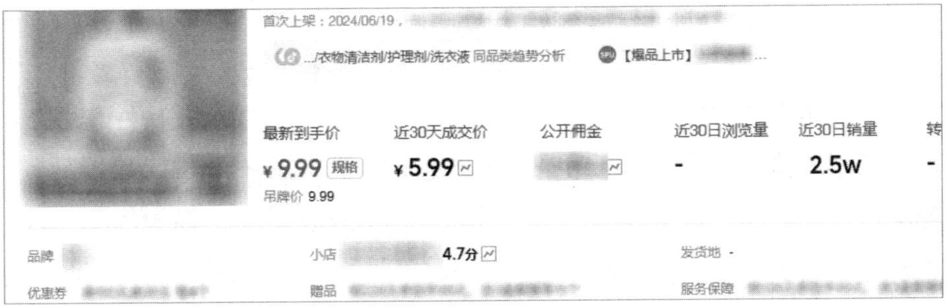

图 2-8 查看商品销量数据

可以看到，产品 30 天的销量为 25 000 件，根据公式计算出平均日销量约为 833 件（25000 ÷ 30）。

平均日销量 = 总销售量 ÷ 销售天数

备货天数即备货时长，要考虑生产时间、交货时间、物流时间和上架时间，即：

备货天数 = 生产时间 + 交货时间 + 物流时间 + 上架时间

备货天数的长短取决于供应商的可靠性和物流时效，如果产品需要十

天生产，供应商的交货时间为三天，运输时间为两天，上架时间为一天，那么备货天数即为16天。

备货系数是调整因子，受季节、市场需求变化的影响，电商卖家需要灵活调整备货量。一般来说，对于销售稳定的商品，备货系数通常可设定为1.2。在销售旺季，需要多备货以保证供应，因此备货系数也会调高，如调整为2或者3。

库存就是产品实际的库存量，包括在售库存和在途库存，在途库存是指尚未到达目的地、正处于运输状态或等待运输而储备在运输工具中的库存，虽然在途库存不能马上交付，但会很快入库，因此需要计算在库存量中。确定以上数据后，结合公式即可计算出备货量。

以上方法适合有销量数据的产品备货，对于新品，由于还不清楚市场对产品的认可程度，因此要根据市场趋势和未来的销量变化来预估备货量，可以采用少量多批次备货的方式，以降低风险。等到产品销量稳定后，再结合销量数据合理备货。

2.1.4 店铺产品库存管理

库存是仓库中实际储存的货物，库存的存在是有必要的，但是不合理的库存又会增加保管费用，从而提高了运营成本。此外，库存也会占用流动资金，库存量过大会降低资金使用效率。那么库存量是不是越小越好呢？答案是否定的。库存量过小可能导致商品频繁脱销，错过销售机会，从而降低店铺利润和客户满意度。因此，对电商来说，保证合理的库存才是可取的，库存管理的难点主要体现在以下三方面。

1. 退换货带来的库存管理问题

退换货问题几乎是电商不可避免的一个问题，退回的商品有的不影响二次销售，可以返回仓库再次上架销售；有的则无法再次出售，需要返厂维修或做报废处理。

很多网店为吸引更多客户下单，提高消费者的满意度，会提供七天无理由退换货服务，但这也可能导致退换货率偏高。特别是在大促期间，订单量的增加也会伴随着退换货的增多，给库存管理带来巨大的压力。

退换货管理是仓库管理中的一项重要工作，退换货管理得当能有效降低库存成本。商家应建立清晰的退换货政策，明确退换货的条件、时间及方式等，同时规范退换货流程，确保退换货商品能快速准确地返回仓库，并及时处理退换货商品，以释放库存空间，减少库存积压。

2. 产品种类多增加库存管理难度

店铺产品种类丰富，能给予消费者更多选择，但相应的也会增加库存管理的难度。为提高库存管理的效率，卖家可根据商品特性和客户需求，对商品进行分类存储，为每一种商品制定唯一的编码，实现商品的快速识别和追踪，提高库存数据的准确性。同时，根据市场趋势和客户需求对库存进行分析，及时调整库存，降低产品滞销和积压风险。

3. 产品供应不稳定影响库存管理

供应商延迟交货、交付不准时等都会对店铺的库存管理带来负面影响，为实现有效的库存管理，电商商家应与供应商保持紧密的沟通和协作，以确保稳定供货，减少缺货风险。针对长期交付不准的供应商，可以选择淘汰。

通过采取一系列有效的措施，店铺是可以提高库存管理效率的，具体可从需求预测、库存监控、库存预警、员工培训等方面入手。

需求预测：需求预测是库存管理的基石，卖家可收集商品的销售量、生产日期、库存量、客户需求等数据，对需求进行预测分析，以减少缺货或过剩库存问题的产生。

库存监控：电商通常都会面临库存变动频繁的问题，商家可建立实时库存管理系统，利用专业的库存管理软件实时监控库存水平，实施更精准的库存管理。

库存预警：建立有效的库存预警机制，为商品的库存水平设置上下限，当库存达到预警线时自动提醒，帮助店铺及时发现潜在的库存问题，并采取相应的措施进行调整和优化，从而降低库存风险。

员工培训：定期进行岗位培训，帮助员工掌握更加专业的库存管理知识和技能，以便更好地应对各种突发情况。

2.1.5　合理安排产品上下架时间

商品的上下架会对曝光率和销售量产生一定的影响。一般来说，在流量高峰期上架商品更能获得较好的流量。卖家可以在商家后台查看店铺访客数据，看哪个时间段访客量更多，从而选择合适的上架时间。

实用范例　分析店铺访客数据，选择上架时间

以淘宝店铺为例，登录生意参谋，单击“流量 / 流量看板”超链接，查看店铺流量数据，如图 2-9 所示。

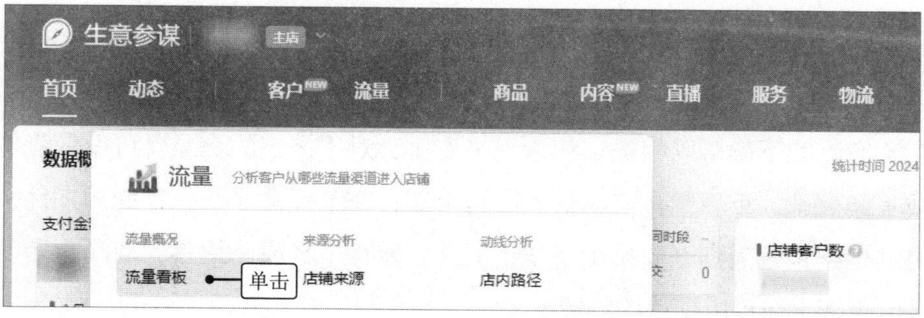

图 2-9　进入“流量看板”页面

在“流量看板”页面可以查看访客数、浏览量、直播间访客数、昨日访客数、流量来源等数据，如图 2-10 所示。

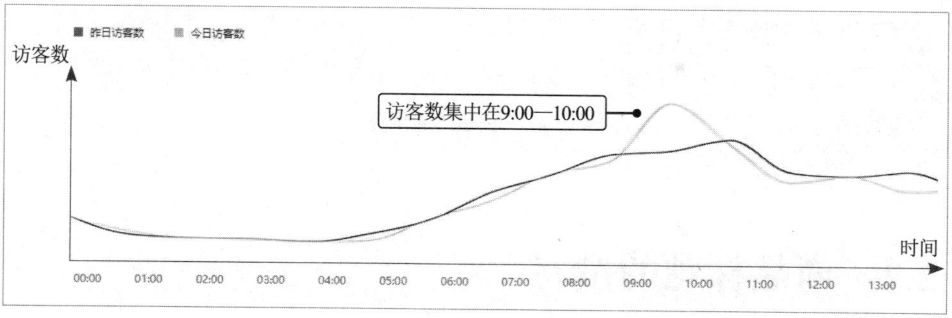

图 2-10　访客数曲线

从访客数曲线可以看出，客户访问高峰时段集中在 9:00—10:00，因此，店铺可以将商品的上架时间定在该时间段，以获得更多的曝光度和点击量。

为保证商品能准时上架，商家可提前编辑好商品信息，并设置好上架时间。以淘宝店铺为例，商家可在商品发布页面选中“定时上架”单选按钮，设置上架的具体时间点，如图 2-11 所示。

图 2-11　设置上架时间

商品的下架可以根据销售情况来安排，对于滞销的商品，可以做降价或下架处理，重新优化商品信息后再上架；季节性产品有一定的周期性，可以根据销售周期来安排上下架；另外，库存不足或已缺货的商品也需要及时下架，避免出现违约的情况。

知识扩展　遵守平台规则避免商品强制下架

每一个电商平台都对商品的发布和交易有严格的规定，作为商家应遵守平台规则，避免商品因违规而被强制下架。比如卖家发布有违公序良俗、《淘宝平台规则总则》或《淘宝平台服务协议》的商品或信息，淘宝网视情节严重程度可采取下架商品、删除商品、限制发布商品等措施。

2.2　商品标题的撰写

标题是网店商品信息的浓缩，有两大重要作用，一是让买家更容易搜索到商品；二是吸引买家注意力，吸引潜在消费者点击。一个简洁明了且与买家搜索习惯相匹配的标题，能够有效提升点击率，促进转化。

2.2.1　撰写商品标题的要点

商品标题的撰写要遵循平台规则，以淘宝网为例，有以下标题撰写要点需要注意：

①淘宝商品标题的字数限制为 30 个汉字（60 个字符）以内，一个中文按照 2 个字符计算，超出字数会影响商品发布。

②需重点突出商品核心卖点，语句简洁明了、通顺，内容应遵循《中华人民共和国广告法》要求，避免出现违禁词，常见的违禁词有四类，见表 2-4。

表 2-4　违禁词四大类

类　型	示　例
最高级	如第一、最高、最好、最优、秒杀全网、最热门、最优质、最优良、最优势、顶级、最低、最强、最便宜、最正宗、最新鲜、最极致、最热销、最佳、最热卖、最低价、最齐全、最先进、最牛、首家、抄底、最实惠、最高性价比、最满意、最全面、第一选择、最专业、最时尚、最受欢迎、最火、最安全、×× 之冠、×× 之王、极致、顶尖、史无前例、极品、最完美、最顶级、最简约、世界级、最合适等
绝对词	如比任何一家都好、100% 不反弹、不会产生任何副作用、永久、零副作用、超越一切、一秒变 ××、彻底消除、永不复发、× 次见效、× 天见效、永不反弹、绝不反弹、根除、假货雷劈、绝不过敏、驰名商标、神效、×× 专供、×× 特供、×× 专用、上榜品牌、治愈率高达 ×× 等
疾病类	如肿瘤、肝炎、囊肿、关节炎、类风湿等
其他类	如假一赔百、假一赔十、假一罚万、假一罚命、假一关店、假货关厂等

③商品标题可包含商品品牌、商品品名、基本属性（材质 / 功能 / 特征）和规格参数（型号 / 颜色 / 尺寸 / 规格 / 用途 / 货号）等，不应包含其他无关品牌及无关信息。

④不能出现特殊符号与表情符号。

⑤除商品标题外，淘宝还支持添加导购标题。图 2-12 为淘宝商品发布页面，可以分别填写宝贝标题和导购标题。

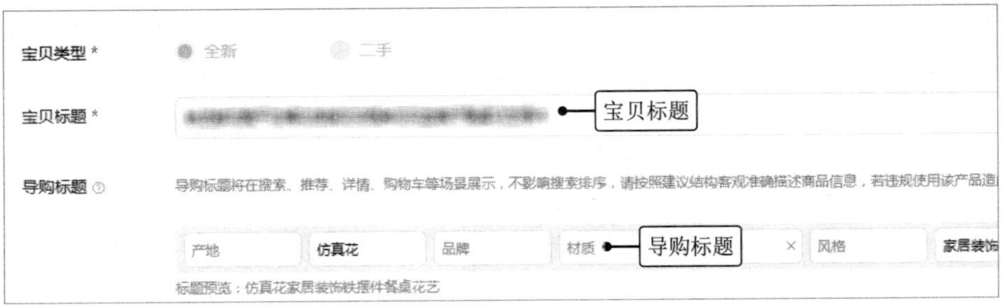

图 2-12 淘宝商品发布页面的宝贝标题和导购标题

导购标题是淘宝平台推出的标题新模式，具有精炼简短、可读性高的优势，填写的导购标题将在搜索、推荐、详情、购物车等场景展示，不影响搜索排序。导购标题应突出核心卖点且简洁通顺，更有利于提升点击率，具体要求见表 2-5。

表 2-5 淘宝网导购标题要求

序 号	填写要求
1	一个中文按照 2 个字符计算，字数要求 10~15 个字（20~30 个字符）
2	避免出现重复词、同义词，如行李箱、拉杆箱、旅行箱即为同义词
3	禁止输入特殊字符，如非中英文、数字、标点等
4	需要添加对商品卖点的描述，如商品特色描述等
5	不能出现和商品本身描述无关的内容

2.2.2 避免不合格的标题

标题直接影响商品的搜索曝光机会，错误填写标题可能导致流量减少甚至被平台处罚。那么如何撰写合格的商品标题呢？

1. 符合消费者搜索习惯

商品标题不能根据个人喜好来撰写，而应充分考虑消费者的搜索习惯。比如一位男性消费者要购买皮鞋，通常会搜索“男士皮鞋”“男鞋”这样的词汇，而不会搜索“皮鞋购买”这个词。

在编辑商品标题时可以将消费者可能搜索的关键词融入标题中，让搜索引擎帮助我们将产品匹配给目标消费者。有的商品会有多个习惯称呼，这种情况下可以将这些关键词都放在标题中，满足更多人的搜索需求。

2. 与产品信息相匹配

商品标题可由商品描述 + 相关属性组成，内容需与商品当前的类目、品牌、品名、重要属性（材质 / 功能 / 特征等）、销售规格一致。比如产品的材质为不锈钢，但在标题中却写的是泡沫，这就是标题与类目属性不符合。有的卖家在撰写标题时会加入与商品本身品牌不相符的品牌词，比如产品实际属于 A 品牌，但标题中却写为 B 品牌，这样的做法都是不可取的。

商品标题与产品信息不匹配虽然也能带来流量，但展现位置通常会非常靠后，且带来的往往不是精准客户，不仅无法帮助实现转化，还有可能遭到消费者的投诉。因此，在撰写商品标题时应保证关键词与产品所在类目、产品发布时所填写的属性相匹配。

以淘宝网为例，在发布商品时就会选择类目，商品标题中的关键词应是属于本类目的词汇，而不是其他类目词，比如选择“家居饰品 / 摆件类 / 装饰摆件”这一类目后，在标题中可以加入陶瓷摆件、花瓶、家居摆设、装饰画等与本类目有关联性的词汇，而不是女装、T 恤、连衣裙、短外套等无关词汇，如图 2-13 所示。

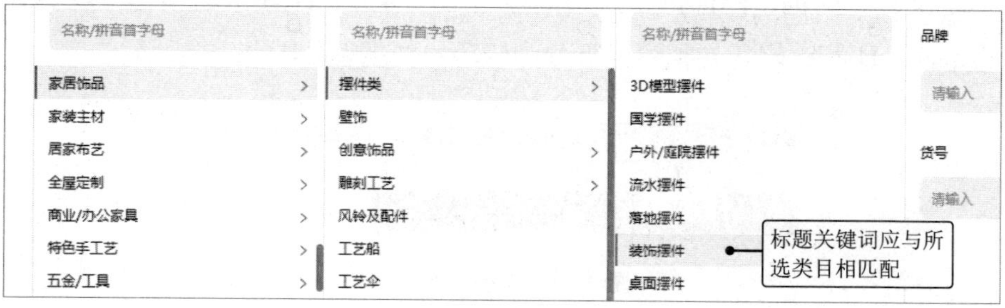

图 2-13　类目选择页面

属性能描述产品的特定性质或特征，商品标题中的属性词能够方便买家更快捷地找到所需商品。比如一位消费者要购买牛仔裤，她可能会通过搜索“九分牛仔裤”“弹性牛仔裤”“高腰牛仔裤”等词汇快速筛选商品。而在淘宝网发布商品时也需要根据产品特点填写“类目属性”，在撰写商品标题时，就要注意查看关键词是否与填写的属性匹配，如图 2-14 所示。

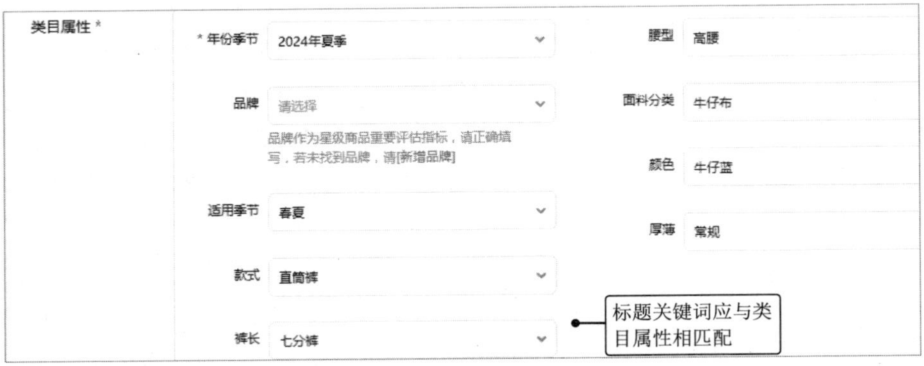

图 2-14　类目属性填写页面

3. 标题拆解保证词根完整性

网店商品的标题并不是完整的一句话，而是由多个词汇组合而成的。在拆解词汇时应注意词根的完整性，比如“羽绒服”这个词，在标题中不能将其拆分为“羽”“绒”“服”三个字，这样的拆解破坏了词根的完整性，会影响系统对词汇的判断。一般来说，核心关键词、属性词、产品词都是不建议拆分的词，修饰词、营销词等则可以拆分，比如卡通印花可以拆分为卡通、印花；轻巧便携可以拆分为轻巧、便携，如图 2-15 所示。

图 2-15　商品标题示例

此外，在具体撰写商品标题时还要注意保证标题表述清晰通顺，在撰写好标题后可以试着读一遍，看是否存在语句不通、读起来拗口的情况。

2.2.3　如何挖掘标题关键词

在电商平台上购物，大部分买家都是通过搜索关键词的方式来搜索商品的，而搜索引擎也会检索商品标题，看是否包含了相关关键词。若商品标题中没有包含这个词，那么商品被搜索展现的机会就会减少。因此商品标题中的关键词是否匹配产品及目标人群等都是影响搜索流量的关键，那么如何为商品标题选词呢？

1. 搜索下拉框选词

以淘宝网为例，在淘宝搜索框中输入核心关键词，系统会根据该关键词展示相关的商品搜索词，这些词反映了近期的商品搜索量和趋势，卖家可以将这些词放在商品标题中，提升商品被展示的机会，如图 2-16 所示。

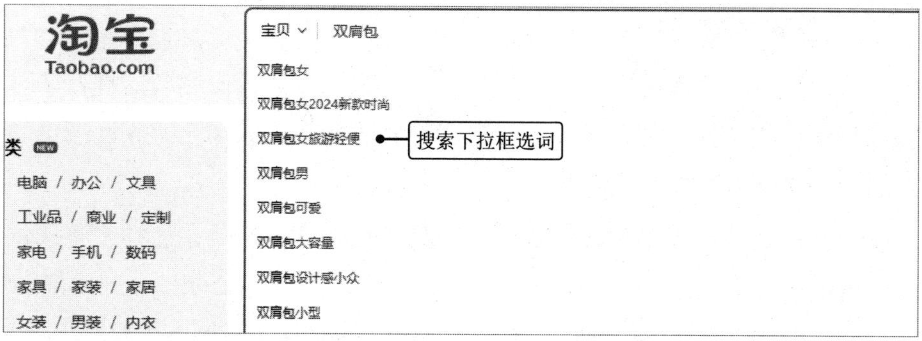

图 2-16　搜索下拉框选词示例

2. 行业热搜选词

行业热搜词具有搜索人气高、搜索量大的特点，将这些热搜关键词放在标题中，将有助于提升商品的曝光量和转化率。卖家可以利用一些数据分析工具来帮助获取热搜词，比如对于淘宝商家来说，就可以通过生意参谋来查看搜索词排行，从而找到合适的关键词。

另外，也可以参考第三方数据平台提供的热词数据，从中找到符合自身商品属性的热门关键词。以抖音电商商家为例，可以利用第三方数据工具查看抖音平台不同商品类目下的热搜词、高潜力热词，从中挖掘出有热度，与消费者搜索习惯匹配的词汇，添加到商品标题中，如图 2-17 所示。

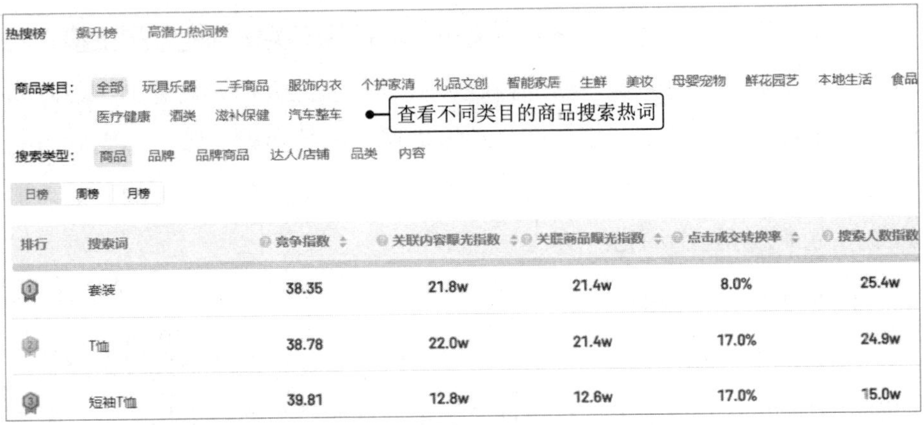

图 2-17 行业热搜选词

3. 竞争产品选词

参考竞争产品对关键词的选择也是一种选词方法，在运用这种方法时要注意竞品的选择，需筛选出具有参考价值的竞品，这样才能保证选词的准确性，具体要注意以下两点：

①选择的竞品应是与我们销售的商品相似度高的产品，这样才有选词的参考价值。

②了解竞品的销量，选择销量表现不错的竞品作为参考会更好。

2.2.4 撰写优质商品标题

商品标题是由多个关键词组合而成的，优质的商品标题应该是符合消费者搜索习惯的。一般而言，商品标题可由核心词、品牌词、类目词、修饰词、营销词和长尾词等组成。

核心词：核心词是能精准表达产品的关键词，在商品标题中这些关键词一般为 1~2 个，核心词能够帮助买家快速识别商品的主要类别或特征。如连衣裙、保温杯、拖鞋，这类词就是核心词。

品牌词：如果商品属于某个品牌，那么可在商品标题中加入品牌词，提升品牌知名度的同时也帮助买家更准确地筛选商品。

类目词：类目词是指能体现商品所属分类的关键词。如连衣裙商品的类目词就是女装。

修饰词：修饰词是能体现商品特点和属性的词汇。比如加绒、保暖、高帮等，在标题中加入这类词汇能够起到吸引消费者兴趣的作用。

营销词：营销词是能表达营销或促销行为的词语。比如包邮、热销、限时抢购等，针对活动促销类商品，在标题中加入营销词能吸引买家注意并提高购买意愿。

长尾词：相比前五种关键词，长尾词的搜索量相对较少，通常是核心词、品牌词和修饰词的叠加，如平底商务皮鞋、加绒增高保暖鞋。虽然这类词搜索流量不高，但转化效果却常常高于核心词，这是因为搜索长尾词的消费者，其对商品的购买意愿会更精准，因此长尾词也是商品标题不可忽视的关键词。

在撰写商品标题时可以先选定核心词，然后围绕核心词添加类目词、修饰词、长尾词等，如以下四种组合方式：

①核心词 + 修饰词 + 类目词 + 长尾词。

②核心词 + 品牌词 + 修饰词 + 长尾词。

③核心词 + 修饰词 + 营销词 + 长尾词。

④营销词 + 主核心词 + 修饰词 + 副核心词 + 长尾词。

商品标题的组合方式并不局限于以上四种，具体撰写时可以根据商品特点及营销需要灵活调整，但要注意合理使用这些词汇，不要堆砌关键词。

2.3　视觉营销打造高点击率主图

商品主图承担着引流的重要任务，在电商运营中，主图的制作和优化是至关重要的。一张好的主图能提高商品的视觉吸引力，起到提升商品点击率和销售转化率的作用。

2.3.1 商品主图的设计

主图是产品的“门面”，对于商品的销售至关重要，主图不仅要追求美观，还要起到抓人眼球并且清晰展示产品卖点的作用。不同的电商平台都对商品主图的展示有一定的要求，因此在设计主图时，先要保证符合平台对主图图片的要求。以淘宝为例，主图图片格式和大小要求见表 2-6。

表 2-6 淘宝主图图片格式和大小要求

主图类型	图片格式 / 尺寸 / 大小 / 数量	注意事项
1：1 主图	① PNG/JPG/JPEG 格式。 ②宽高 800×800。 ③小于 3MB。 ④上限 5 张	①第一张必须上传，其余四张选填。 ②主要展示在详情、搜索、直通车页面
3：4 主图	① PNG/JPG/JPEG 格式。 ②宽高 750×1000。 ③小于 3MB。 ④上限 5 张	①上传了 3：4 的主图视频，必须上传 3：4 的主图。 ②设置 3：4 主图后，详情页将不显示 1：1 的主图。 ③主要展示在手机端淘宝推荐、详情、微详情、搜索页面

在淘宝平台，商家可以上传 1:1 主图和 3:4 主图。在商品详情页，有的类目优先展示 1:1 主图，如大家电、零食 / 坚果 / 特产、汽车用品 / 电子 / 清洗 / 改装等类目；而饰品 / 流行首饰 / 时尚饰品、数码相机 / 单反相机 / 摄像机、餐饮具等类目则优先展示 3:4 主图。1:1 主图是必须上传的，淘宝电商卖家可上传五张 1:1 主图，建议完整上传五张图片，其中首图对曝光点击有重要作用，因为在商品搜索页面，消费者主要通过第一张图决定浏览哪个商品，能否引流就看这张图片，这里重点介绍其设计，如图 2-18 所示。

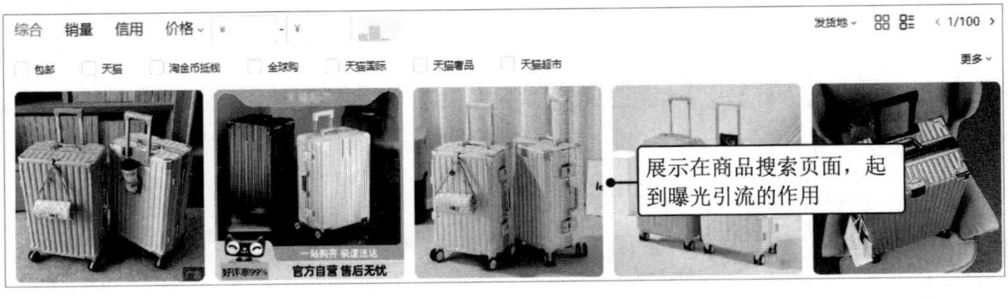

图 2-18 商品搜索页面主图展示

针对第一张主图，主要需要从提升点击率的角度出发来设计，可以展示产品的全貌，表达核心卖点；还可以通过图文结合的方式体现产品优势。在设计第一张主图时，应注意与竞品的差异化，可以通过调整背景颜色或者凸显产品的独特优势来提升首图的吸引力，如图 2-19 所示。

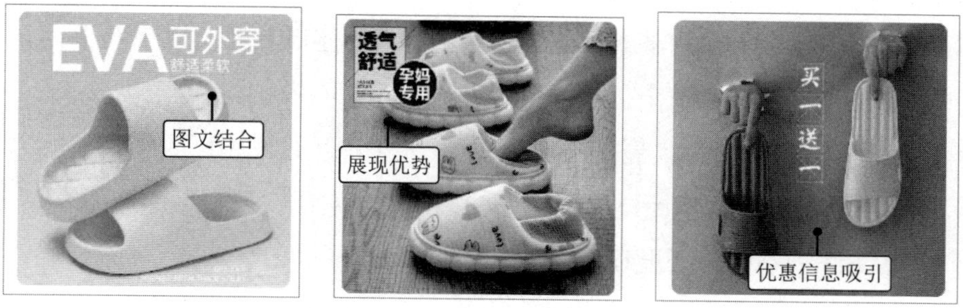

图 2-19　第一张主图示例

第二、第三、第四和第五张主图为辅助信息图，这几张主图可以帮助消费者了解更多产品信息，从而赢得消费者的信任，实现转化。这四张图可以放产品细节图、场景图、资质证明、活动信息或销量数据等图片，以增加消费者对商品的信任感和购买欲望，如图 2-20 所示。

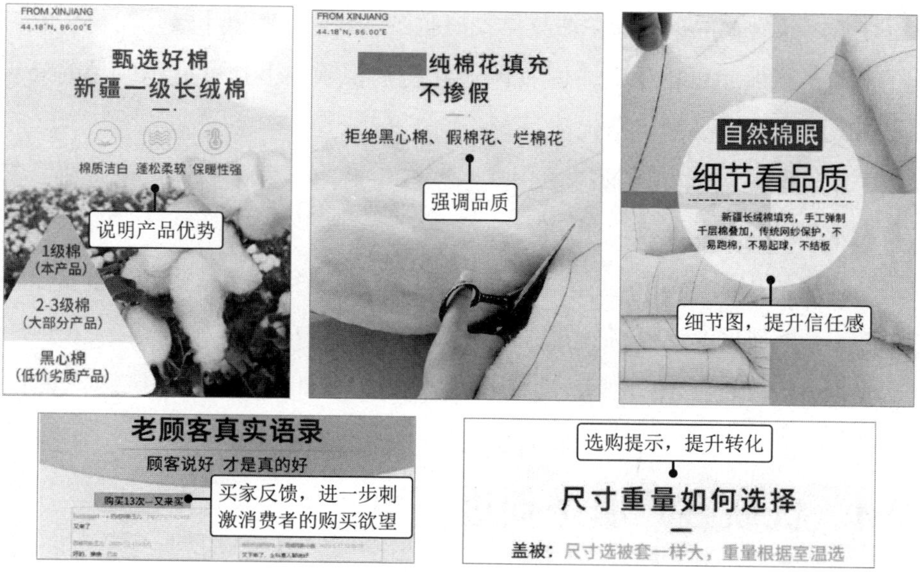

图 2-20　辅助信息主图示例

2.3.2 制作商品主图视频

除了以图片的方式展示产品信息外，大部分电商平台也支持视频形式展示商品，视频能更直观、高效地传递商品信息，从而提升转化率。主图视频的时长不会很长，一般为十几秒或几十秒，与主图图片一样，主图视频同样需要符合平台的基本规范。以淘宝为例，主图视频有以下要求：

①不得涉及国家安全、政治敏感、色情淫秽的内容。

②建议时长为 15s，最长不超过 90s，大小不超过 5MB。

③ 3:4 的视频，宽高建议 720×960，1:1 的视频，宽高建议 800×800。

④主图视频的清晰度在 720P 及以上。

⑤视频不能有剪辑软件的水印及 logo、首尾帧黑屏、左右超过 1/8 的黑白边等。

⑥不要纯图片组成的视频，不能有闪屏及闪光灯效果（拍摄主图花絮）。

⑦视频必须有声音，但不能是噪声。

⑧前 3s 出现商品全貌，不只是展示某个细节。

在符合平台要求的前提下，尽可能保证视频的质量，提升消费者的停留时长以实现商品的销售。在具体拍摄主图视频时，有以下技巧可供借鉴。

多角度展示：拍摄的主图视频最好能在视频中多角度展示商品的外观和细节，体现产品卖点及优势。

体现产品品质：可通过试用演示、效果对比、真人测评、语音讲解等方式体现产品的功能及质量。

结合使用场景：可以结合商品的使用场景来突出产品特点和优势，并通过生动的画面和文字描述来吸引消费者的注意力。

合适的背景音乐：无解说的主图视频可通过添加背景音乐变得生动有趣。

2.4 优质客户服务促进下单

客户服务是网店的重要组成部分，在电商运营中扮演着很重要的角色，优质的客户服务不仅能促进销售量的增长，还能提升客户满意度和忠诚度，为网店塑造良好的品牌形象。

2.4.1 客服应具备的基本素质

作为电商客服人员需要具备一定的素质能力，才能为客户提供高质量的服务并推动销售额的增长，客服人员需要具备的基本素质主要有以下一些。

沟通能力：沟通能力是电商客服必备的一项能力，不管是售前客服还是售后客服，有效的沟通都是其工作的基石，客服人员需要礼貌友好地与咨询的客户进行沟通，同时提供专业的解答。

产品知识：客服人员需要对产品知识有足够的了解，才能有针对性地为客户提供购买建议和指导。此外，客服人员还需要熟悉电商平台的规则和标准，合规处理各种售前、售后问题。

电脑操作：作为客服人员，必须要掌握电脑的基本操作，包括熟悉客服工具的使用，有一定的打字速度的基础等。

服务态度：良好的服务态度可以增强客户的购买意愿，电商客服应保持积极、热情的服务态度，耐心倾听，为每位客户提供良好的服务。

解决问题的能力：电商客服在工作中难免会遇到态度不好的客户，也可能会面临客户的质疑、投诉等，电商客服需要具备强大的问题解决能力，能够灵活处理各种突发情况。

客服是电商与客户之间的重要桥梁，为提高客户服务质量与客户满意度，商家可制定客服绩效考核标准，通过绩效考核来了解客服工作中存在的问题，以便及时进行调整和改进，见表 2-7。

表 2-7 电商客服绩效考核表（示例）

序 号	指 标	分 值	描 述	评 分	备 注
1	询单转化率	30	最终付款人数 / 询单人数		
2	落实客单价	15	客服落实客单价 / 店铺客单价		
3	首次响应时间	15	第一次回应客户的响应时长		

续上表

序 号	指 标	分 值	描 述	评 分	备 注
4	平均响应时间	10	所有咨询的首次响应时间之和 / 咨询总数		
5	回复率	10	回复消息量 / 客户咨询消息量，按百分比计算		
6	差评率	10	差评数 / 评价总数，按百分比计算		
7	主管评分	10	客户服务部主管打分		
总分：100 分					

2.4.2 客户咨询常见问题的解答

客服接待过程中常遇到的咨询问题有商品咨询、下单问题、物流问题等。

1. 商品咨询

商品咨询的常见问题有商品质量、使用功能、商品价格和尺码规格等，面对询问商品质量的客户，需要消除客户对产品品质的疑虑，提升客户的信任感，常见的回复语有以下一些。

实用范例 商品咨询回复语

①亲，请您放心质量哈，我们所有商品出厂前都经过严格质检，本店售出的所有商品都提供质量保证和七天无理由退换哈，如果您有疑问，请随时联系我们。

②这款产品采用……材质与工艺，产品质量是有保证的，现在拍下还能享受 ×× 天商品质保。

部分对商品有购买意向的客户，也可能会对产品的功能及使用有疑问，面对此类客户可以从产品的特点、优势等方面解答，比如客户询问电热毯的功能，客服可以回复产品具有加热防漏电、智能控温、自动断电等优势功能，既体现了专业性，也能有效地吸引客户下单。

在商品售卖过程中，也可能遇到议价的客户，针对此类客户，可以先强调产品的品质，然后礼貌、客气地表达拒绝讲价。另外，也可以向客户解释价格差异，表明一分钱一分货。当然，如果产品有一定的议价空间，面对犹豫不决的客户，也可以适当让步，通过赠送优惠券、配件或提供包邮等优惠来促进客户购买。面对议价的客户，有以下常用回复方式。

实用范例　商品议价回复语

①感谢您对这件商品感兴趣，我们是正品直销，产品质量都是有保证的，我们的价格已经是最低的了。

②亲，非常抱歉，我们的价格已经非常实惠了。

知识扩展　电商客服常用欢迎语

电商客服每天需要接待的客户有很多，有时可能遇到无法及时回复客户的情况，为了提高客服接待的效率，网店可以在客服后台设置快捷回复短语，以避免客户流失，以下为一些常用的欢迎语，供借鉴参考：

①亲亲，抱歉让您久等了，现在咨询人数过多，客服已经在用最快的速度回复亲们哦，并非有意怠慢，还请您见谅哈，请您将问题留言，看到后会第一时间回复您哦。

②亲爱哒，我有急事暂时离开一会儿，有问题请您留言，回来第一时间回复您。

③亲亲，请再给我一点点时间。目前人数较多，有什么疑问您先留言，稍后会第一时间为您解答哦！

若客户询问尺码规格，那么可以询问客户身高、体重等信息，然后为客户推荐适合的款式及尺码。另外，也可以提供尺码对照表给客户，让客户通过尺码对照表来选择合适的商品，常用的回复语如下：

实用范例　尺码规格咨询回复语

①亲，方便说一下您的身高、体重吗？这样方便我们推荐适合您的尺码。

②您好，亲，根据您提供的信息，我们给您推荐的尺码是 × 码。

③亲爱的，这款是正码哦，可以按照您平时穿的尺码下单即可，也可参考详情页尺码表数据哦。

④您咨询的这款鞋子偏大半码，如果您的脚比较瘦，我们建议您选择小一码。如果您喜欢宽松一些，可以按照平时的尺码选择。

⑤您提到的 ××× 产品兼容 ××、××、××、××。您可以查看规格说明，如有任何疑问，请随时联系我们。

2. 下单问题

在客户下单过程中，可能会对发货时间、运费险、是否有货等问题产生疑虑，针对这些问题，常用的回复语如下：

实用范例 下单问题咨询回复语

①亲～您拍下后我们会在 × 天内为您发出的哦，会尽快给您安排。

②亲，我们已经帮您购买了运费险哈。

③亲，您看中的这款宝贝有现货，您可以放心购买哦。

④亲，非常抱歉这款宝贝已经没有现货了，您可以看一下其他款式哦。

⑤喜欢可以早点拍下，我们是按照付款时间先后发货的哦。

3. 物流问题

物流问题也是大部分买家比较关心的，商品在运输过程中也可能出现运输慢、丢货等问题，因此，如何处理物流问题也是客服的一个重点，常用的回复语如下：

实用范例 物流问题咨询回复语

①我们默认使用 ×× 快递，如果您需要其他快递，可以提前联系我们进行安排。

②亲，请您不要着急，我们已经帮您催促了呢，非常理解您的心情，我们会尽快把宝贝送到您手中的。

③您的包裹已经发出，您可以进入订单页面查看物流哦。

④亲，这边给您查询了哈，您的件已经到 ××，因为活动快递数量大，导致部分快递网点爆仓，我们已帮您催促快递，恳请您耐心等待。

⑤亲，中小件商品发货后同城的一般隔天可以收到，省外的一般 2~4 天，新疆、西藏、内蒙古地区等待时间较久，节假日或活动期间可能会适当延长哦，具体请您关注物流状态，如等待时间过长请及时与我们联系。

第3章

产品营销与运营转化策略

营销是网店提升销量的重要手段之一，在电商平台进行营销的方式有多种，且平台本身也会提供多种营销工具给商家，如何通过有效的营销策略来提高店铺转化，是运营者需要考虑的。

3.1 电商促销的常用策略

促销是电商营销的一种重要方式，几乎所有的网店都会利用促销来吸引买家、增加销量并提升品牌知名度。电商促销的常用策略有满减促销、赠品促销、优惠券促销、限时秒杀、拼团活动等。

3.1.1 满减促销

满减促销是能有效提高客单价的一种促销方式，根据满减方式的不同，常用的促销策略有满件打折、满元减钱和满件减钱等。

1. 满件打折

满件打折是指当买家购买件数满足满减条件后，可享受总价打折优惠，如满三件打 88 折、满两件打 9 折等，如图 3-1 所示。

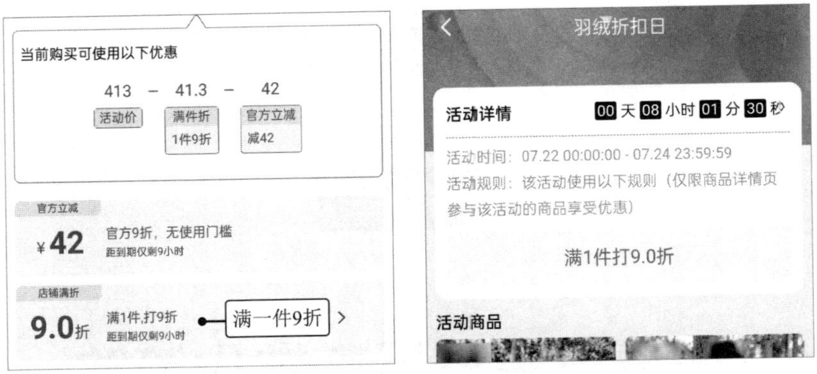

图 3-1 满件打折促销

满件打折以商品数量作为优惠门槛，这种促销方式比较适合特定单品或者进行新品宣传，另外，清库存商品、反季商品也可以采用这种促销策略，以快速提升产品销量。采用满件打折策略时，要明确件数的优惠条件，若要设置多级满减，那么订单件数增加的同时，优惠力度也应该提高，否则无法起到促进消费者多买的作用，如设置三级满件打折梯度，那么优惠条件可以为两件 9 折、三件 8 折、四件 7 折。

2. 满元减钱

满元减钱是指购买金额满足门槛后，享受总价减钱优惠。运用这种促销策略，需要设定满元减钱的最低消费金额，比如满 200.00 元减 20.00 元，满 300.00 元减 50.00 元。另外，也可以设置满元减钱的梯度，以吸引不同消费水平的买家，如图 3-2 所示。

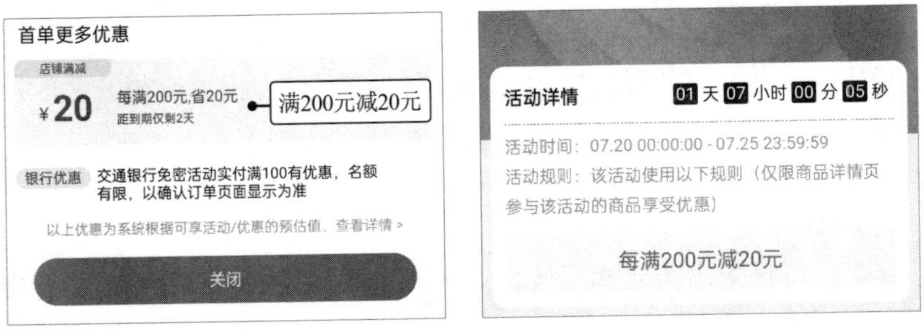

图 3-2 满元减钱促销

3. 满件减钱

满件减钱是指购买件数满足门槛后，享受总价减钱优惠，如满两件减 5.00 元，满五件减 20.00 元等。这种促销方式也能起到鼓励消费者购买更多商品的作用。满件减钱的优惠方式也可以是阶梯式的，消费者购买不同数量的商品可以享受不同额度的减免，如图 3-3 所示。

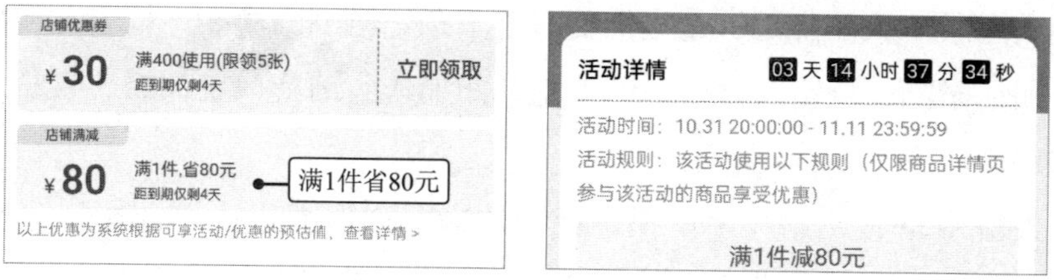

图 3-3　满件减钱促销

3.1.2　赠品促销

赠品促销也是电商广泛使用的一种营销方式，通过赠品可以提高消费者下单的积极性。常见的赠品促销方式有两种，买赠和满赠。

1. 买赠

买赠是指下单指定的商品，即可获得赠品。这种促销方式可以提高单件商品的转化率。根据营销计划，商家可以为不同的商品搭配不同的赠品，比如买粉底送眼妆、买乳液送面霜等，如图 3-4 所示。

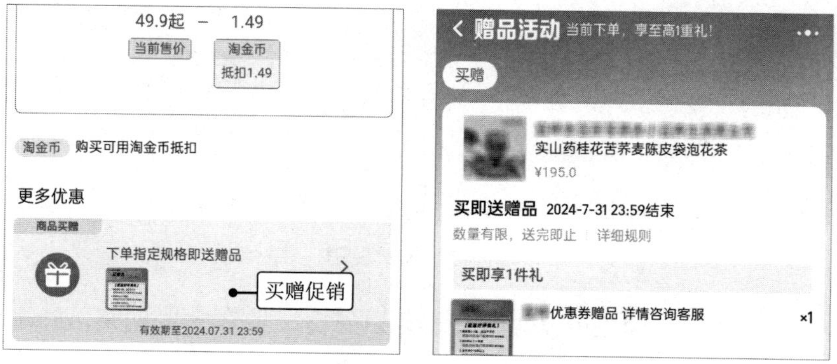

图 3-4　买赠促销

2. 满赠

满赠是指订单消费金额或件数满足一定的门槛，即送赠品。满赠的具体标准可以根据商品成本、利润空间及活动目的来综合设定。图 3-5 为满赠促销示例。根据营销场景的不同，满赠可以有多种不同的促销方式。

满元赠：即下单指定范围内的商品，满足金额门槛即送赠品。

满元赠 + 人群加赠：是指消费者下单指定范围的商品，订单金额满足门槛即送赠品，特定人群还可以加赠，如加入店铺会员可加赠、收藏加购可加赠等。

人群专享满元赠：下单指定范围的商品，但特定人群才可以享受满 ×× 元送赠品的活动，如店铺会员满 500.00 元送精美水杯，非会员则不赠送。

满件赠：指下单指定范围内的商品满 ×× 件送赠品。

满件赠 + 人群加赠：指下单指定范围内商品满 ×× 件送赠品，特定人群再加赠，如店铺新用户加赠爽肤水。

人群专享满件赠：下单指定范围商品，特定人群可享受满 ×× 件送赠品活动，如店铺会员可享满 ×× 件送赠品活动，其他人群不享受。

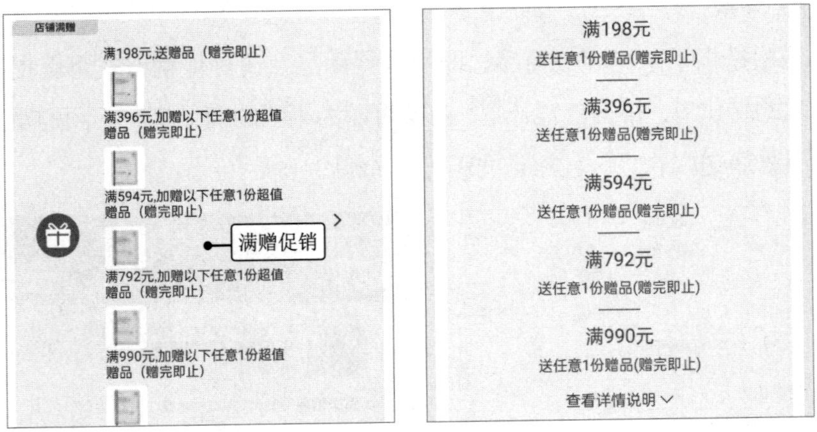

图 3-5 满赠促销

当然满赠和买赠也可以组合在一起营销。一般在大促期间，商家为吸引消费者下单，会采用买赠和满赠叠加的促销方式。

赠品促销需要考虑赠品的成本及品质，如果赠品质量不佳，可能会对促销效果产生负面影响。另外，赠品的选择也很重要，如果消费者对赠品不感兴趣，那么将难以发挥促销的作用，可以从以下方式来考虑赠品的选择。

相关性：可以选择与产品有相关性的商品作为赠品，比如相机搭配赠送相机包、存储卡等，这样的配套赠品能满足消费者的需求，提升促销活动的吸引力。

实用性：赠品应该具有一定的实用性，这能提升消费者购买商品的价值感，给消费者一种划算的感受，从而促进交易达成。

新颖性：消费者也有猎奇的心理，对于创意品牌、潮流品牌，可以选择新颖、有创意的个性化礼品作为赠品，也能够吸引消费者下单。

3.1.3　优惠券促销

优惠券是一种常见的促销方式，已经成为各大商家吸引消费者、提升销售额的重要手段。按照是否有门槛，可分为无门槛优惠券和有门槛优惠券；按照使用范围，可分为全店通用券和指定商品优惠券。

全店通用优惠券不限制特定商品，能够提升店铺的商品交易总额。指定商品优惠券则是针对店铺特定的部分商品可以使用的优惠券，可以起到提升单品销量的作用，能助力打造爆款商品。优惠券的类型多种多样，根据营销的需要，网店可以设置粉丝专享优惠券、店铺限时优惠券、新客专享优惠券和会员优惠券等，如图 3-6 所示。

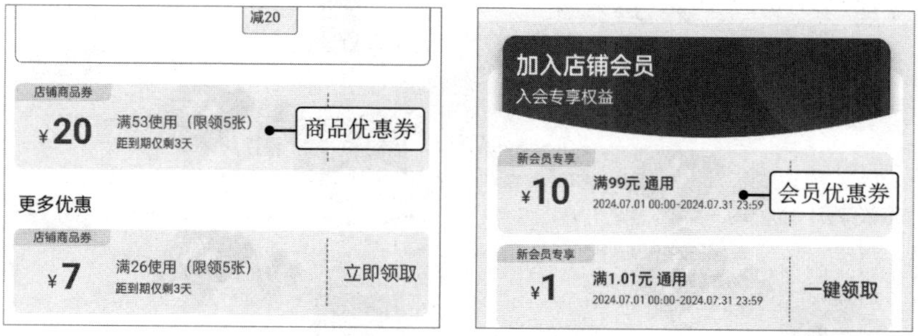

图 3-6　优惠券

对于网店运营人员来说，在运用优惠券促进销售时，需要考虑两点。

营销目的：运营人员需要根据营销目的来设置不同的优惠券类型，比如以潜在消费者拉新为营销目标，那么新客专享优惠券、店铺关注优惠券会比较好；而以提升用户复购为目标，那么发放粉丝专享优惠券、回头客优惠券、满减优惠券会更好。

使用规则：优惠券的使用范围、时间和门槛需提前考虑好，比如是针对全品类还是单品、是针对新客户还是会员。为了让消费者尽快下单，都建议为优惠券设定使用时间，如三天、七天、十天等。优惠券的使用门槛需根据商品的成本和利润空间来设定，无门槛优惠券的金额通常不会很高，如 3.00 元、5.00 元、10.00 元等，有门槛优惠券可根据目标顾客的消费能力和购买习惯来设定门槛，比如满 30.00 元减 2.00 元券，满 500.00 元减 100.00 元券。

3.1.4 限时秒杀

限时秒杀是在特定时间内提供较低价格的商品供消费者抢购，这种促销方式通过创造紧迫感和稀缺性来刺激消费者快速做出购买决策。很多电商平台也提供了专门的“限时秒杀”专区，参与限时秒杀活动还可以获得流量扶持，帮助商品快速成长。图 3-7 为不同电商平台的限时秒杀专区。

图 3-7　不同电商平台的限时秒杀专区

电商平台的限时秒杀通常需要报名参与，下面以淘宝为例，来看看如何参与限时秒杀活动。

实用范例　参与电商平台限时秒杀

淘宝限时秒杀根据商品的不同阶段，提供以下五种团型，商家可以根据自身情况选择不同的团报名参加。

新品团：适合新品发布，需要快速测款，希望快速度过冷启动期的商品，团期一天。

成长团：已经完成新品冷启动期过渡，有一定基础销量的商品，团期三天。

爆款团：适合销量不错且已经得到用户不错反馈的商品，团期七天。

超品团：适合销量、用户反馈不错，同时希望长期打造价格竞争力的商品，团期 7~30 天。

核心爆品定品招商：适合平台定向招商的同款商品，有一定的基础销量，团期 7~30 天。

报名成功的商品会在淘宝限时秒杀频道、全链路（搜索、推荐、商品详情）及淘外投放时透出。但参与限时秒杀也是有门槛的，需要满足表 3-1 中的参与条件。

表 3-1　淘宝限时秒杀参与条件

条　件	具体内容
商家条件	①报名参加淘宝秒杀营销频道的店铺开店时长需≥ 30 天。 ②商家应合法、合规经营并确保所参加淘宝秒杀营销频道的商品及其来源、售卖（含价格）完全符合国家法律法规等有关规定，确保商品无任何质量、权利瑕疵，并保留所有相关有效凭证。 ③为提升报名淘宝秒杀营销频道商品的成交效率，淘宝秒杀营销频道部分活动报名时商家需要同步开通“全站推”产品投放服务，具体以相关活动报名页面展示为准
商品条件	①活动商品的报名价格要求须遵循《天猫及营销平台最低标价计算标准》。 ②同时须不高于该商品近 15 天内的最低普惠券后价（除外类目及情形不考核最低普惠券后价），同时基于交易安全及特定行业属性和惯例，对部分类目商品所报名的普惠券后价可能还有其他要求，具体请以商品申报页面展示为准。 ③商品一旦报名并通过审核后至活动期间，如出现任何变化导致不再符合上述活动报名价格要求，或商品及其价格竞争力不足，交易效率不高，且在系统提示后仍未优化调整的，淘宝秒杀营销频道有权采取降级、取消该商品在淘宝秒杀营销频道及全链路资源位的展示资格，中止或终止该商品继续参加本次活动的处置。 ④报名同一活动时间段的其他营销活动（天猫 / 淘宝网指定的营销活动除外）的商品，不得报名参加淘宝秒杀营销频道的活动

满足条件的商家可登录商家后台，选择适合自己的频道，单击“去报名”按钮进行报名，如图 3-8 所示。

图 3-8　淘宝限时秒杀报名页面

3.1.5　拼团活动

拼团是一种互动性较强的促销活动，相比单独购买，通过拼团购买可以享受到更低的价格。对商家而言，拼团能够迅速聚集大量消费者，在短时间内实现大量销售，图 3-9 为单独购买与拼团购买的价格差异。

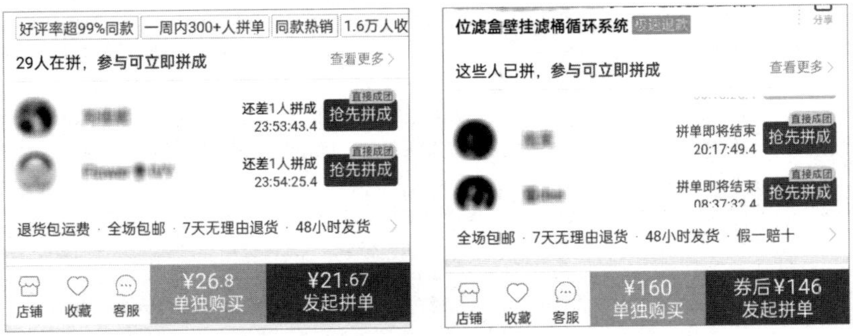

图 3-9　单独购买与拼团价格差异

拼团的营销玩法有多种，如满减拼团、团购折扣拼团、抢购拼团、抽奖拼团等，不同平台提供的拼团活动可能有一定差异，可进入商家平台查看。

在拼团模式中，消费者可以自行下单并支付完成开团，并且可将拼团链接分享给好友，好友参团后，若参团人数达到拼团人数，则拼购成功。另外，也可以加入其他消费者发起的拼购，购买并支付订单后即组团成功。

参与拼团的商品，在商品详情页出现两个购买价格，一是单独购买的价格；二是以拼团价下单的价格，这种价格显示方式能够实现更好的促销效果，提升销售的效率。

值得商家注意的是，在拼团时间范围内，只有参团人数达到拼团指定人数要求，才能拼购成功，否则，拼团时间截止后系统会自动退款给参与拼团的买家。因此，在设置拼团活动时，参团人数的设定就很重要了。如果营销目的是引流，且参与拼团的商品在价格和质量方面有足够优势，那么可以设定较多的拼团人数，比如 50 人以上，通过强有力的优惠力度来吸引消费者参与。如果拼团促销的目的只是提高销量，那么拼团人数就不宜设定过多，一般 2~3 人团较好。

拼团的时间设定也很重要，通常 2~3 人团可将时间设定为 24~48 小时。如果拼团指定人数较多，如 100 人团，为提高消费者拼购的成功率，可以设定更长的拼团时间，如三天、七天。

3.1.6　× 元任选

× 元任选是一种可提升人均购买件数和客单价的商品凑单营销玩法，商家可指定活动商品及固定金额，如 99.00 元 3 件，消费者则按照商家设置的固定优惠价，从活动商品中挑选适合的产品下单，如图 3-10 所示。

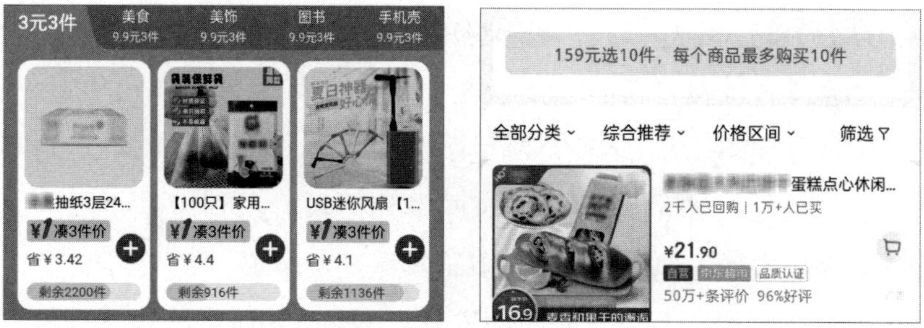

图 3-10　× 元任选

× 元任选给了消费者一定的商品组合空间，凑单更灵活。作为一种凑单型的营销玩法，商品池的选择是比较重要的，选择单价相近的商品加入活动商品池会更好。另外，商品池的商品数量也不宜过少，数量过少会影响消费者参与积极性，无法发挥该营销工具的优势。

3.1.7　满包邮

以包邮作为利益点，可有效提升网店的客单价。满包邮主要有两种方式，满额包邮和满件包邮，如满 300.00 元包邮、满五件包邮，如图 3-11 所示。

图 3-11　满额包邮

根据商品的成本和利润，包邮也可以有多种策略。

全店包邮：消费者满足门槛（满 ×× 件或满 ×× 元）可包邮。

部分商品包邮：活动内商品满足门槛（满 ×× 件或满 ×× 元）可包邮。

按地区包邮：不同地区的物流成本和运输难易程度是不同的，交通便捷、运输成本低的地区包邮，而其他地区则不包邮。

商家由于规模、利润空间和物流成本不同，包邮门槛也需要根据自身实际情况来确定。一般来说，如果商品本身利润就较低，那么为了平衡盈利，会设置较高的包邮门槛，反之，可以降低包邮门槛。

3.1.8　裂变券

裂变券是一种能够助力店铺引流和成交提升的优惠券，这种优惠券的领取门槛相较于普通优惠券更高，消费者需要在有效期内进行分享裂变，完成裂变后即可获得专属优惠券，如图 3-12 所示。

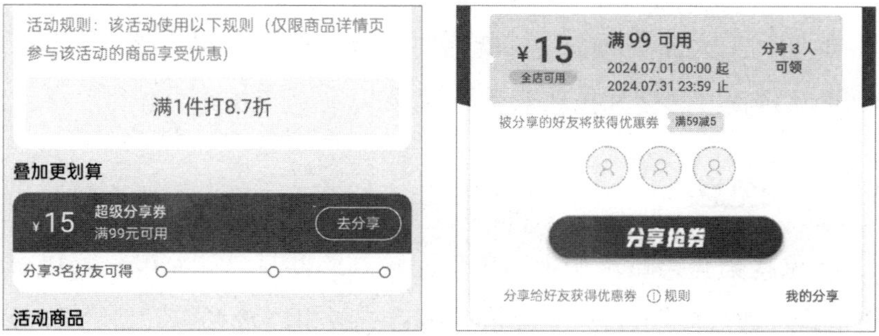

图 3-12　裂变券示例

从图 3-12 展示的案例可以看出，消费者需要将裂变券分享给三位好友，三位朋友点击邀请链接后，分享者即可获得满 99.00 元减 15.00 元主券，其他被分享的好友可以获得满 59.00 元减 5.00 元的副券。

相比普通优惠券，领取裂变券的消费者其购买意愿往往更强烈，这使得裂变券的转化能力更强。裂变券能够实现社交传播，但要促进消费者进行分享裂变，还需要把握以下三点：

①裂变券主券的优惠力度应比普通优惠券大，比如高出同时期店铺券力度 50% 及以上，否则无法驱动消费者进行分享。

②裂变券的使用门槛可以是全店通用，也可以是部分商品可用，针对部分商品可用的裂变券，最好选择店内的热销产品，转化率会更高。

③副券的领取者通常是店铺的新客户，为了留住新客户，副券的消费门槛不宜定得过高，且券的优惠力度也要有一定的保证，有助于新客户尽快成交，比如本案例主券的消费门槛是 99.00 元，而副券的门槛为 59.00 元。

并不是所有店铺和商品都适合裂变券营销方式，裂变券由于提高了优惠力度，相应的也会增加店铺成本，相对而言，以下场景更适合使用裂变券：

急需流量的店铺。新店或者急需流量的店铺可以通过裂变券引流，快速提升店铺流量。

新品营销。要想快速提高新品销量，裂变券是不错的选择，可以帮助打造爆款商品。

清仓商品。部分清仓商品为快速完成销货，也可以使用裂变券。

大促期间。大促期间，店铺既需要引流，也需要冲销量，可以借助裂变券帮助实现提升转化和拉新双重作用。

3.1.9 分期免息

分期免息销售策略常用于客单价比较高的商品，如家电、家居家装、数码产品等，通过分期付款、补贴利息等方式吸引消费者购买高价值的商品。

对商家来说，分期免息可帮助提升商品竞争力，但也要承担分期产生的服务费。消费者购买可分期的商品时，可选择四种分期方式，分别是 3 期、6 期、12 期和 24 期，期数越高，相应的服务费也越高，如图 3-13 所示。

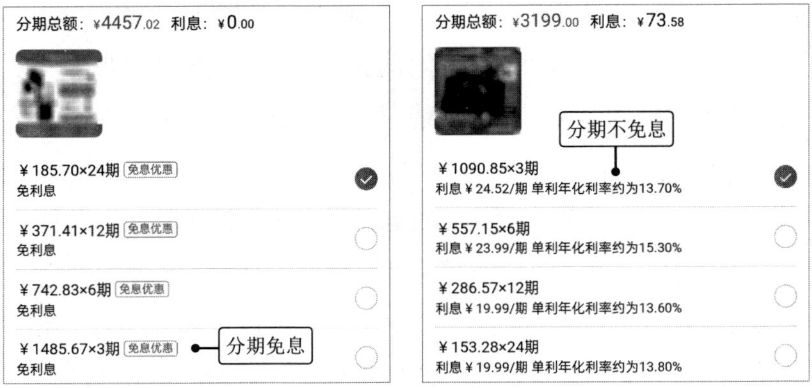

图 3-13 商品分期示例

对消费者来说，分期免息可以降低支付压力，因此可以吸引平台内高消费需求的人群。分期免息期数越长，服务费也就越高，商家要开展分期免息活动时，也需要考虑成本。一般来说，价格较低的商品可选择三期，高价格商品免息期数更长，对消费者会更有吸引力。

另外，也可以根据月付金额来考虑合适的免息期数，月付金额的计算公式是货单价除以期数，如 6 000.00 元的商品，免息 12 期，那么月付金额为 500.00 元。商家可以参考店内客户的消费能力及店铺可承担的费用来设置免息期数，通常月付金额不超过 500.00 元，消费者更容易转化下单。

确定好最长免息期数后，建议从高期数往下覆盖其他期数，比如设置了 12 期免息，那么最好覆盖 6 期免息和 3 期免息，给予消费者更多选择，而消费者也会根据自身的支付习惯选择合适的免息期限，比如店铺提供 12 期免息，但消费者可能会选择 6 期或 3 期免息。

3.1.10　购后追单

购后追单是针对已下单客户的一种营销方式，能够增加其他商品的曝光，带来新生意增长的可能。当消费者在店铺下单后，通过专属客服向客户发送一条追单提醒，提醒客户可超值换购店内的其他商品，如图 3-14 所示。

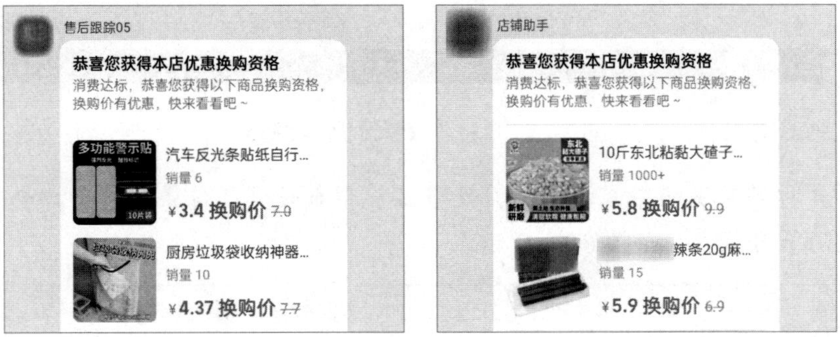

图 3-14　购后追单

购后追单可通过折扣和限时限购提升买家复购率。那么哪些商品适合购后追单呢？

关联品：与买家所购商品能够搭配的商品，如钢笔和墨水。

季节性商品：换季清仓的商品，可通过低价吸引复购。

有价格竞争力的商品：追单商品的价格要低于日常价才对消费者有吸引力，因此选择有价格竞争力的商品会更好。

3.2 节日营销提升店铺销量

在节日期间，大多数消费者的购物意愿通常会更加强烈，因此，各个时间节点的节日营销对商家来说都特别重要，做好节日营销，往往能获得超出日常订单的销量。

3.2.1 准确地把握节日节点

要开展节日营销，需要明确营销的节点。一般来说，主要的节日都适合开展节日营销，如元旦节、端午节、中秋节、国庆节、春节等。此外，还有一些国际性的节日，以及新兴的网络节日也适合开展营销活动，商家可以通过营销日历工具查看具体的节日。

实用范例 通过营销日历查看节日

进入 ADGuider 网站首页，单击“营销日历”超链接，如图 3-15 所示。

图 3-15 单击“营销日历”超链接

在打开的页面中可按周、月及节日类型来设置筛选条件，下方会显示对应的节日节点，如图 3-16 所示。

图 3-16 筛选节日节点

3.2.2　节日营销活动的准备工作

节日营销需要在节前就做好相关的准备工作，具体可从以下方面入手。

设计主题：不同的节日有其特殊性，为节日设计不同的主题有利于进行营销宣传，比如中秋节以“团圆贺金秋”为主题，端午节以“粽乐乐过端午”为主题。

店铺设计：根据节日主题对店铺进行设计，从视觉上营造节日氛围，同时也提升节日营销对消费者的吸引力，如图 3-17 所示。

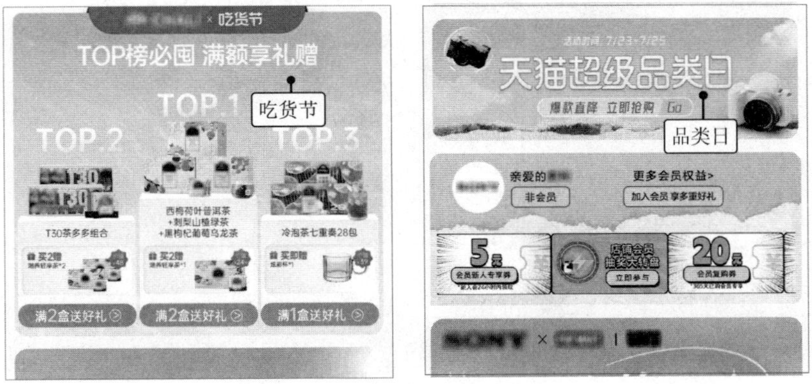

图 3-17　节日营销店铺主页设计

活动宣传：在节日开始前及节日期间进行营销宣传，以吸引更多的潜在消费者参与活动，常用的营销方式有短信营销、社群营销、短视频营销、海报营销及广告推广等。可在节日活动开始前发送短信给店铺粉丝，引导老客户进店，提高活动效果，如图 3-18 所示。

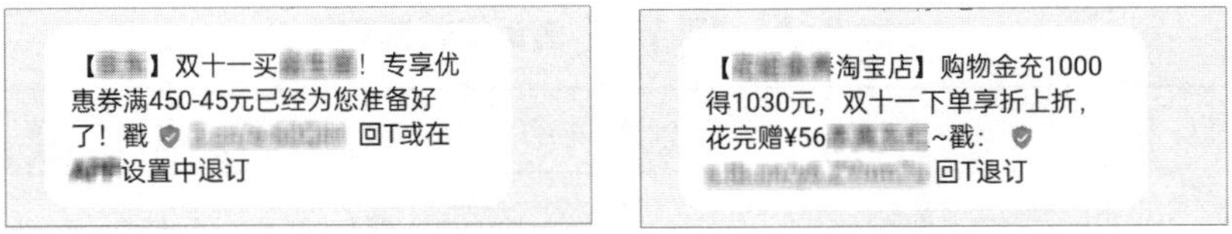

图 3-18　节日活动短信营销示例

用于新媒体宣传的营销海报、宣传文案最好与节日主题相契合，如图 3-19 所示。

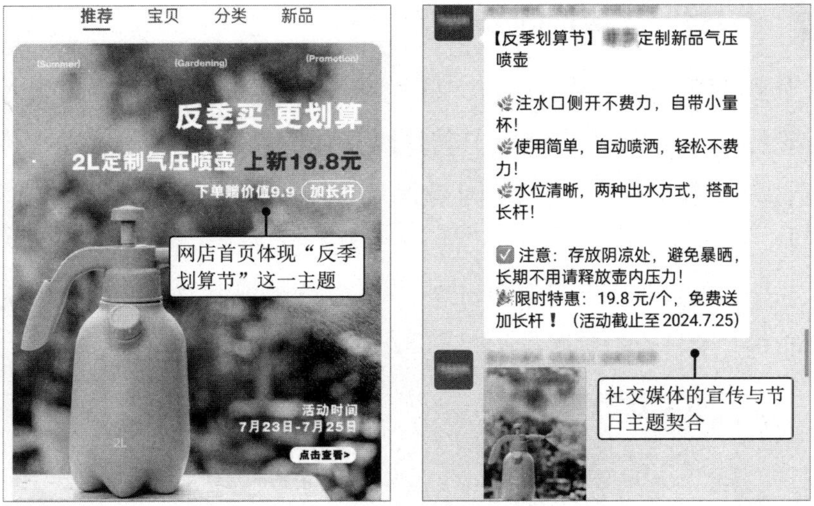

图 3-19　节日营销宣传示例

3.2.3　电商购物节营销战略

电商购物节已经成为电商平台的重要营销方式，“618”“双十一”“双十二”都是各大商家进行活动促销、品牌推广的重要时机。购物节的营销周期通常比较长，具体可分为四个阶段。

1. 准备阶段

在准备阶段，商家需要结合平台的活动预告和自身营销目标做好购物节期间的营销规划，明确活动期间各人员的分工，确保营销活动能够顺利进行。网店可以制作营销规划表，明确各阶段的工作重心，见表 3-2。

表 3-2　“双十一”营销规划表示例

日　期	具体内容	备　注
10.19~10.21	工作重心：站内外引流，引导新老客户加购收藏。 侧重点：营销策划 + 预算制定 + 活动页面方案。 营销规划：短信营销、短视频推广……	
10.22~10.24	工作重心：活动预热。 侧重点：店铺装修 + 海报更换 + 优惠券设置 + 活动展示。 营销规划：搜索词营销、粉丝群推广……	

续上表

日　期	具体内容	备　注
10.25~10.28	工作重心：活动商品上架＋营销优化。 侧重点：库存准备＋店铺页面优化＋活动推广。 营销规划：直通车营销、客服推广、引导加购收藏……	
……		

要参与官方的购物节活动，通常需要在平台报名，因此在准备阶段还需了解平台的招商规则，如活动节奏、报名时间、活动时间及活动玩法。

了解平台的活动节奏、活动玩法很有必要，商家需要结合平台的活动节奏、活动玩法制定适合自己店铺的活动方案。比如 2023 年淘宝“双十一”活动整体分为了三波，第一波为“抢先购”，第二波为“好价节”，第三波为“狂欢日”，卖家需要针对这三个阶段有针对性地做好运营工作。

2. 预热阶段

预热有助于扩大活动的影响力，提高消费者对活动的关注度和期待值。在该阶段，商家的主要工作是通过营销吸引更多潜在买家关注活动，收藏加购商品，如图 3-20 所示。

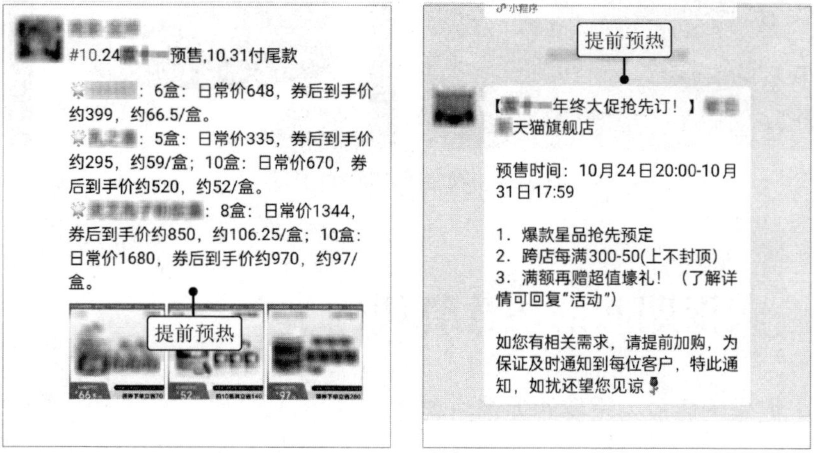

图 3-20　活动预热

3. 爆发阶段

爆发阶段即活动正式开始的阶段，这个节点通常是流量高峰期，也是店铺冲销量的重要时间段。在该阶段，团队协作很重要，运营、客服及仓库管理等人员都要做好各自工作，通过营销推广、尾款催付、客服转化等来提升店铺销量，同时优化物流和客户服务，提高客户的满意度和忠诚度。

4. 收尾阶段

进入收尾阶段后，为促进更多客户下单，可以对未付款的客户进行催付引导，让还没有下单的客户尽快做出购买决策，如图 3-21 所示。

图 3-21　收尾阶段的营销推广

3.3　大促期间的运营管理

大促是网店最为重要的促销活动之一，除参与平台官方的大促活动外，店铺也可以根据经营品类和消费者的购物习惯开展店内大促活动，并做好大促期间的运营管理。

3.3.1　做好备货及仓储管理

不管是参加官方平台的大促活动还是店铺自行开展大促，都需要做好备货及仓储管理。在开展大促前最好对库存商品进行盘点，核实系统库存和实际库存是否相符，避免出现超卖、少卖现象。为防止补货不及时，店铺大促通常需要提前备货，以避免订单量的激增导致发货不及时。

大促期间的备货需要重点关注能为店铺带来大量订单的产品，确定哪些是主打产品，哪些是辅助产品。主要的产品，如引流款、主推款需要确保货源充足。网店可以结合往年大促的订单数据来确定热销商品和潜在爆款，为合理备货提供依据，同时结合库存现状及供应商供货能力来制订备货计划，表 3-3 为大促备货计划表。

表 3-3　大促备货计划表

产品类型	品牌	型号	规格	预计销量	备货量
引流款					
热销款					
搭配款					
促销款					
……					

仓库的库位规划与摆放都会影响出货效率，为提高大促期间仓库的发货效率、减少差错，网店需在库区布局、货物存储方面做好管理工作。

1. 合理布局库区

大促期间，商品的出货量可能是平时的几十倍甚至几百倍，对库区进行合理布局有利于提高整体出货效率。按功能区划分，一般可将库区分为货架区、分拣区、包装区、暂存区、退货区和办公区等区域，当然，网店规模和产品不同，库区的布局方式也会不同，应根据实际情况合理规划。

具体规划库区时需要考虑人员流动的便捷性和工作效率，根据货品的特性、数量、销量等因素布局，比如将热销商品放置在便于快速取货的库区，以确保能快速出货。图 3-22 为不同类型电商仓库的布局方式，可供借鉴参考。

图 3-22　电商仓库布局方式示例

2. 货物存储

为了有效提升仓库的使用率，提升大促期间收发货的效率，还需要做好货品的存储管理。如果货品的存储缺乏科学规划，那么在订单量激增的大促期间，就很容易出现仓库通道拥堵、货品摆放杂乱导致拣货效率低等问题。网店应根据产品的尺寸、类型、重量来选择合适的货架种类。在存放货品时，重的货物可以放在底部，轻的货物放在高处，这样可以提高操作的安全性。

另外，网店应根据产品的热销程度来分配货位，畅销的货品可以存放在靠近仓库出入口的位置，这样可以缩短拣货的距离和时间。最好根据货物的类别来分类存放货品，以提高货品的拣选效率。

合理有效地摆放货架可以提高仓库的工作效率，提升订单处理速度。常见的摆放方式有横式布局、纵式布局、斜式布局三种，具体可根据仓库结构和货物存取的需求来设计，图 3-23 为三种货架摆放方式，供借鉴参考。

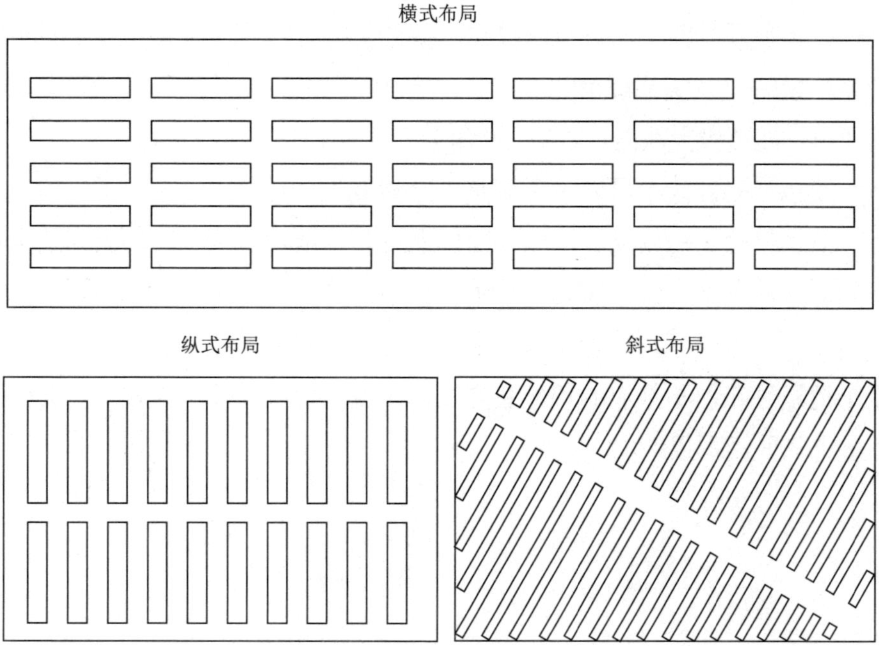

图 3-23　电商货架布局方式示例

知识扩展 货架使用的注意事项

①保证货架的稳定性，避免出现摇晃、倾斜等问题。

②应保证货架之间通道畅通，以方便拣货人员的进出。

③不可过度堆叠商品，应合理存放货物，避免安全隐患。

④定期检查货架，若发现货架损坏或存在安全隐患，应及时更换。

3.3.2 大促期间发货速度提升策略

仓库的高效运作离不开人员的管理，在大促期间，可根据预测的订单量来安排人员和工作时间，如果预估人员量不足，还要提前招聘兼职，确保有足够的人力应对大促。发货所需的物料需提前备好，包括拣货车、打印机、胶带、包装盒、包装袋、填充物、售后服务卡等，以避免因缺少某种物料而影响发货。

在大促开始前，商家可以提前把部分货物打包好，比如将预售订单、预测单量的 60% 货品提前包装好，这样就可以在大促开始后第一时间将包裹发出，能够极大地提升店铺发货时效。

预包装的方式也可以灵活调整，比如装箱全封口、装箱但不封口，对于订单销量稳定的商品，可以大比例进行装箱全封口预包装，因为这类商品的退款率不高，预包装后通常不会有大量的拆包。对于订单销量不稳定的商品，就需要考虑预包装后可能带来的拆包成本损耗，这类商品可以采用小批量装箱但不封口的预包装方式，在提升发货时效的同时，也在一定程度上降低成本损耗。

第4章

电商时代不能忽视内容运营

内容运营是电商运营管理不可或缺的一部分，是电商提升品牌形象的一种重要手段，做好内容运营能帮助提升产品曝光度和知名度，从而带来更高的转化率和销售额。

4.1　优质详情页促进销售

对于消费者来说，详情页是其了解商品详细信息的重要窗口，优质的详情页能够有效展示和传递商品信息，增强消费者对商品的兴趣和信任感，从而提升购买意愿。

4.1.1　商品详情页的撰写要点

详情页是商家进行商品展示、营销宣传的页面，这一个页面也是网店最重要的页面之一，详情页的好坏会直接影响销售转化和品牌形象。在详情页面，商家可以通过文字、图片及视频来对产品进行介绍，那么什么样的详情页才能提高转化率呢？在撰写详情页时要注意以下要点。

1. 产品信息传递要清晰

产品信息是详情页的核心内容，也是大多数消费者最关心的内容，详情页对产品的介绍应准确清晰，有助于提升产品对消费者的吸引力。产品的品牌、型号、材质、规格、功能等基本信息都可以包含在详情页中，但要注意，对产品的文案描述应简短明了，在对产品进行展示时，最好多角度展示，让消费者能从不同视角了解产品的外观和细节，如图 4-1 所示。

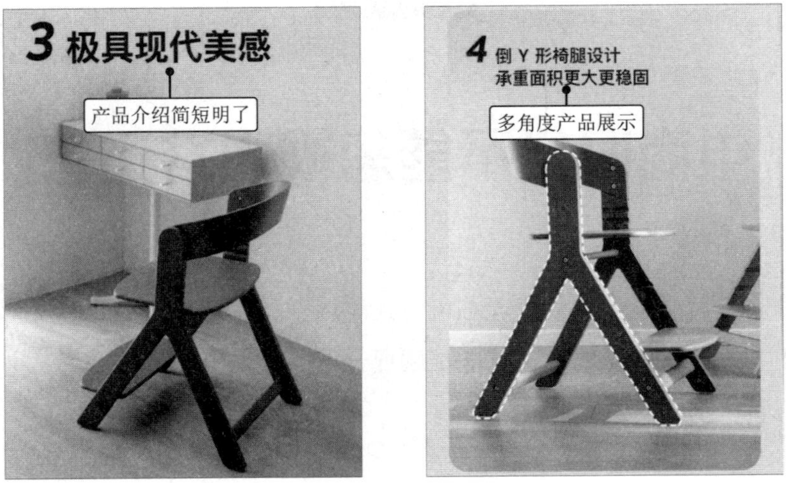

图 4-1　详情页产品展示示例

2. 页面设计要美观

电商详情页的设计也应注重美观性，美观的详情页不仅能够吸引消费者的注意力，还能提升消费者的购买意愿和满意度，具体可从以下方面提升详情页的美观度。

①选择清晰、整洁、高质量的商品图片作为详情展示，避免使用模糊的图片，另外，商品图片最好能突出产品的优势或卖点，确保图片能够真实反映商品的颜色和细节。

②商品的图文排版要做到主次分明，可以采用不同的构图方式来突出商品，通过色彩搭配、图形元素来增强画面的视觉冲击力，文字的排版应整齐，避免让详情页看起来杂乱、花哨，如图 4-2 所示。

③详情页中使用的设计元素要符合当前的设计趋势和消费者的审美，避免使用过时的设计元素。

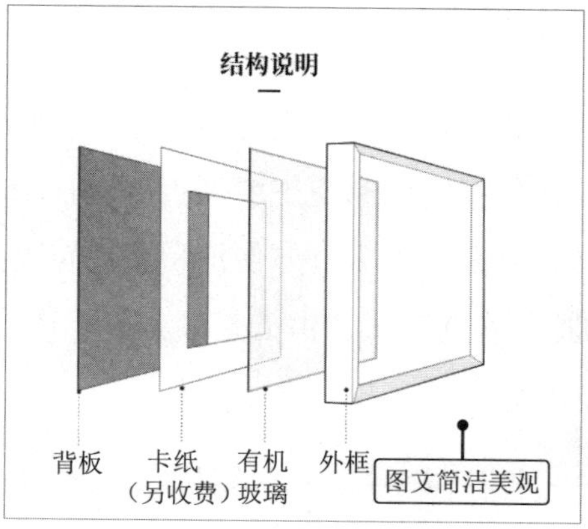

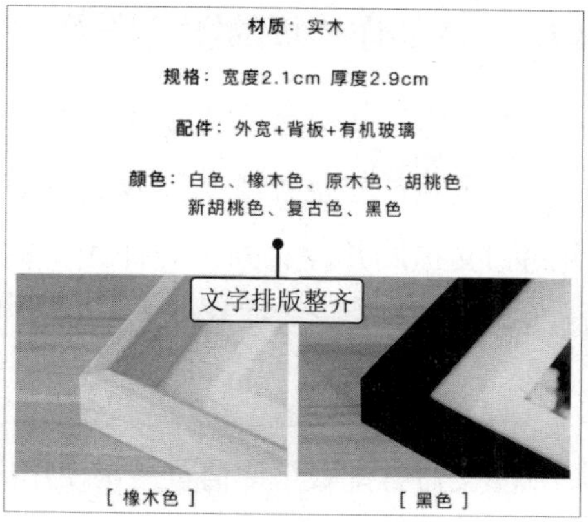

图 4-2　详情页图文排版示例

3. 内容呈现符合端口特性

手机端和电脑端屏幕尺寸是不同的，详情页的设计也应符合不同端口的特性。电脑端的屏幕更宽、尺寸更大，可以展示的信息更多，在详情页的设计上能更灵活，可以采用横向、竖向布局等方式。而手机端为竖屏且屏幕更小，因此手机端的详情页主要采用竖向布局方式，以符合消费者从上往下浏览的习惯，如图 4-3 所示。

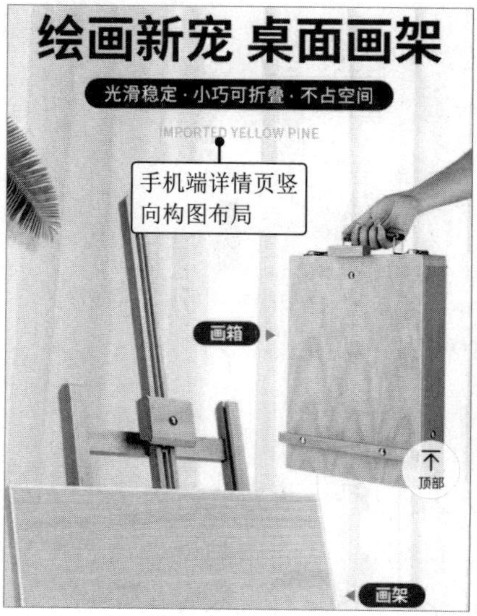

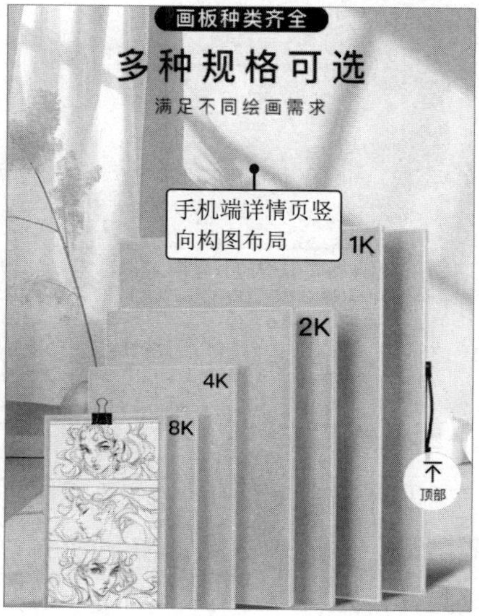

图 4-3　手机端详情页示例

4.1.2 商品详情页的图文搭配

电商详情页以图文搭配为主要呈现方式，合理的图文排版和布局能够让详情页看起来更加整洁和专业，也能让信息的传递更加清晰直观。详情页的图文布局并没有固定的样式，只要做到简洁美观、方便消费者浏览阅读即可，下面来看看六种常见的详情页排版布局方式，供借鉴参考。

1. 图文对称排版

图文对称排版是详情页最常使用的一种排版布局方式，即按照从上往下对称的布局方式排列文字和图片。在采用这种排版布局方式时，为了避免让画面看起来呆板，在文字的排列上通常要有长短的变化，或者让文字的色彩有所区别，以形成更具层次感的版面，让视觉效果更具美感，如图 4-4 所示。

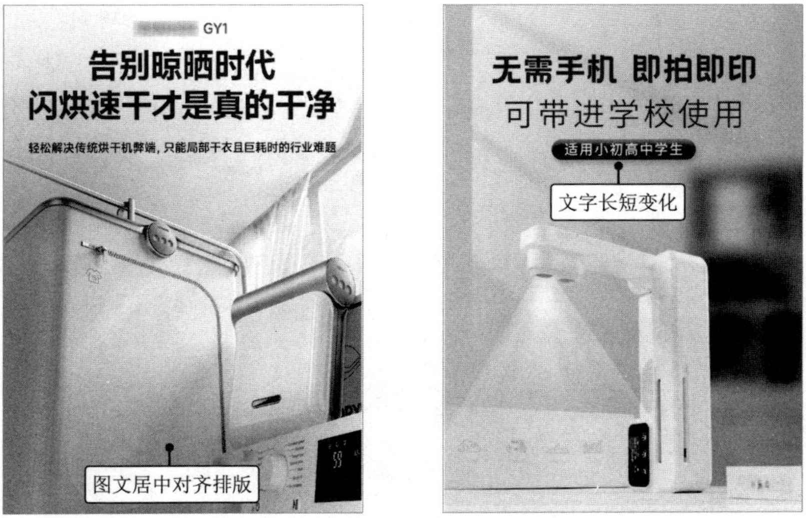

图 4-4 详情页居中对齐排版示例

2. 左图右文

左图右文，即图片在左边文案在右边，这种排版方式符合人们从左至右的阅读习惯，能够引导消费者首先关注图片，从而引起消费者对产品的兴趣。与左图右文相对应的是左文右图布局方式，这种图文排版方式提高了文字信息的重要程度，文字阅读效率更高，如图 4-5 所示。

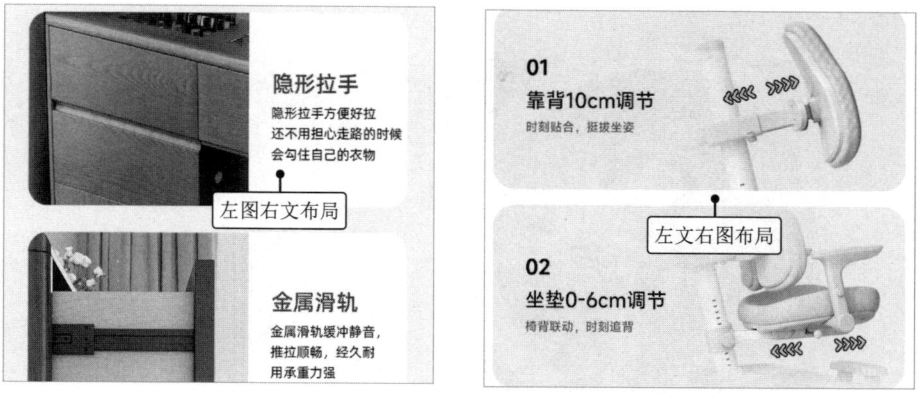

图 4-5　详情页左图右文和左文右图示例

3. 图文左右均衡分布

图文左右均衡分布的排版布局方式能让画面看起来平衡稳定，多用于对比场景，在详情页中如果要比较自身产品和竞品之间的区别，衬托出产品的优势，或者要展示产品的不同规格型号，都可以采用这种布局方式，如图 4-6 所示。

图 4-6　详情页图文左右均衡分布排版示例

4. 图片居中，文字围绕主体

图片居中，文字围绕主体的排版方式能够有效突出图片，即将产品图片放在画面中间，其他信息则围绕主体环绕布局，可起到突出主体的作用，如图 4-7 所示。

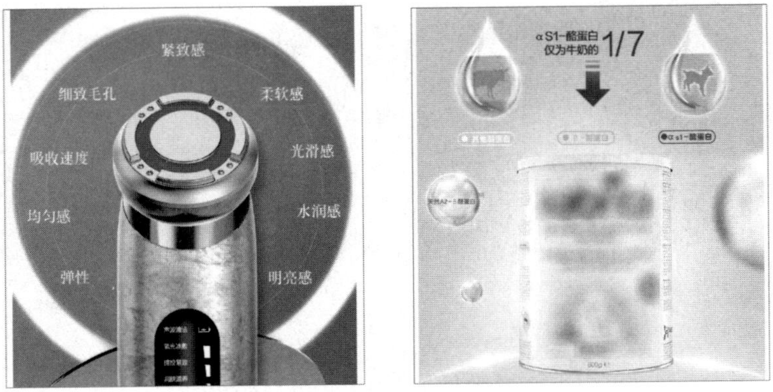

图 4-7　详情页图片居中文字围绕主体排版示例

5. 斜向排版布局

斜向排版布局是指将图片或文字倾斜着编排，这种排版方式能让画面更具有动感，如图 4-8 所示。

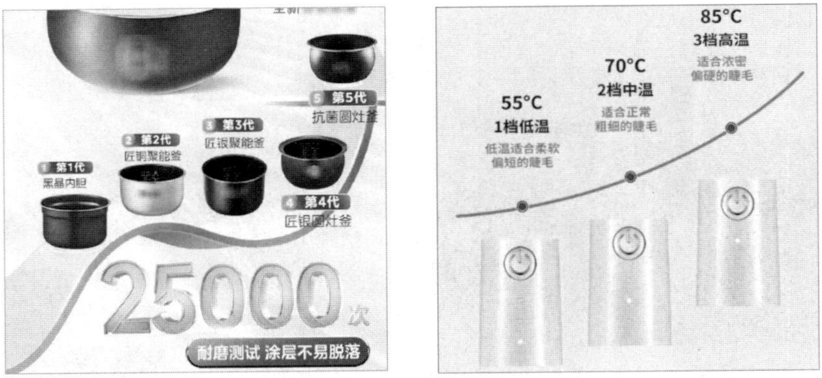

图 4-8　详情页斜向排版示例

6. 列表式排版布局

当内容信息较多时就可以采用列表式排版布局方式，每条信息所占的空间较小，使得一个画面可以展示更多的信息，如用于展示产品清单、选购指南等，如图 4-9 所示。

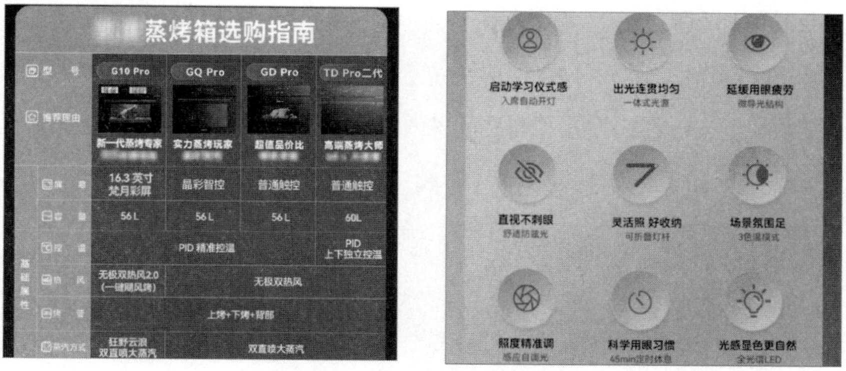

图 4-9　详情页列表式排版示例

4.1.3　详情页内容结构的设计

商品详情页需要展示的信息内容比较多，编排图文内容时应分清主次，避免给人杂乱无章的感觉。商家可以按照引起注意、提升兴趣、建立信任、消除疑虑和促进成交的逻辑来布局，从而一步步打动消费者，实现购买转化。

1. 引起注意

详情页开始部分应发挥吸引买家停留并继续浏览的作用，首屏通常展示产品全貌，以简洁明了的文案传递产品核心卖点，抓住消费者眼球。首屏海报应选择非常美观清晰的产品图片，文案两三行即可，如图 4-10 所示。

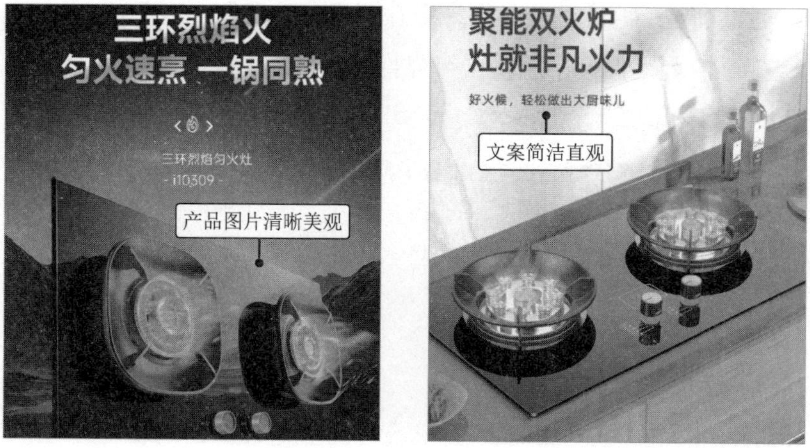

图 4-10　详情页首屏示例

2. 提升兴趣

提升消费者兴趣对于激发购买欲望是很重要的，商家可通过强调商品的优势特点，或挖掘消费者的痛点来引起买家对产品的兴趣。商品优势特点是能给买家带来的价值或好处，而痛点是客户迫切的需求，如图4-11所示。

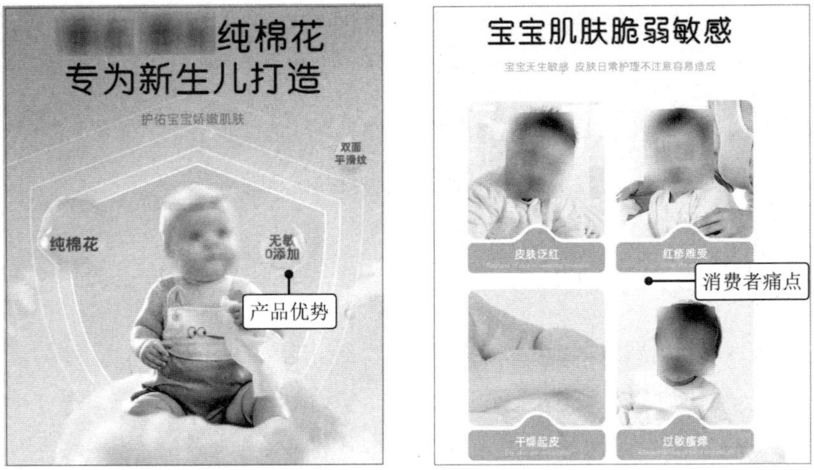

图 4-11 详情页展示产品优势和罗列痛点

3. 建立信任

在引起买家对产品的兴趣后，还需要提升产品信任感才能促使买家下单，那么如何才能建立信任感呢？可从以下四方面赢得消费者的信任：

①通过高质量的实拍产品图来提升消费者对产品的信任感。

②在详情页提供产品质量、可靠性的证明，赢得消费者的信任，如实验证明、性能测试、试用报告等，如图4-12所示。

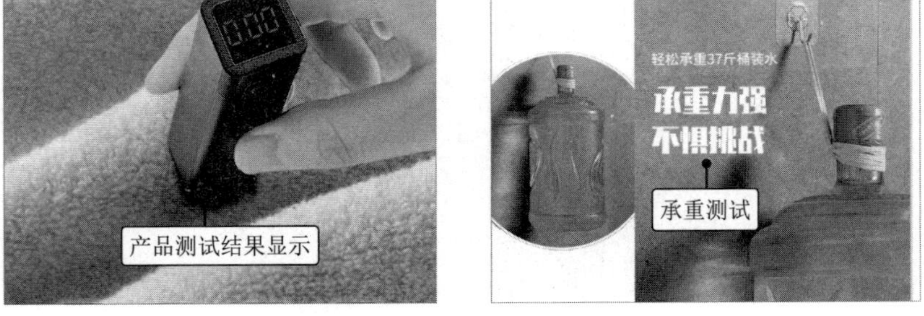

图 4-12 详情页通过测试来赢得信任

③借助数据来增加产品的可信度，如产品销量、买家评论等，让消费者相信产品值得购买，如图 4-13 所示。

图 4-13　详情页展示销量和好评数据

④通过权威背书来给予消费者安全感，如企业实力证明、第三方权威机构的检测报告、产品安全认证证书、权威专家证言等，如图 4-14 所示。

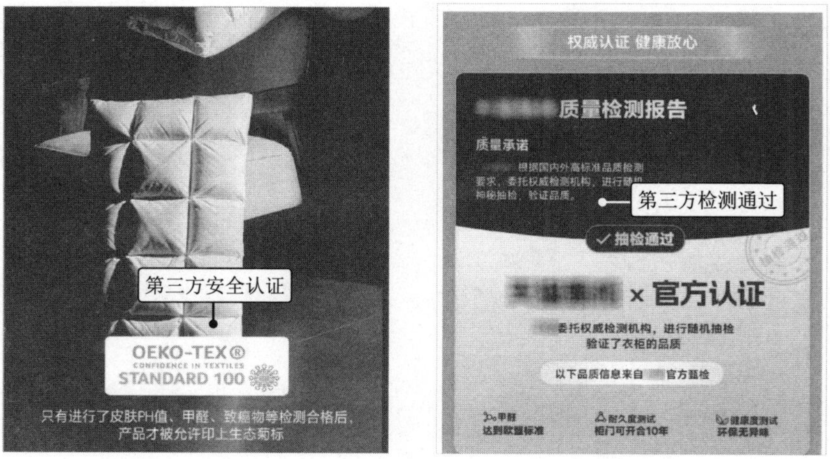

图 4-14　权威背书增强可信度

4. 消除疑虑

消除疑虑是实现销售的重要一步，为了促使犹豫的顾客下定决心购买，可在商品详情页靠后的位置添加售后承诺、品质保证、服务说明、产品答疑等，来打消消费者的购物顾虑，如七天无理由退货、假一赔十、产品答疑说明等，如图 4-15 所示。

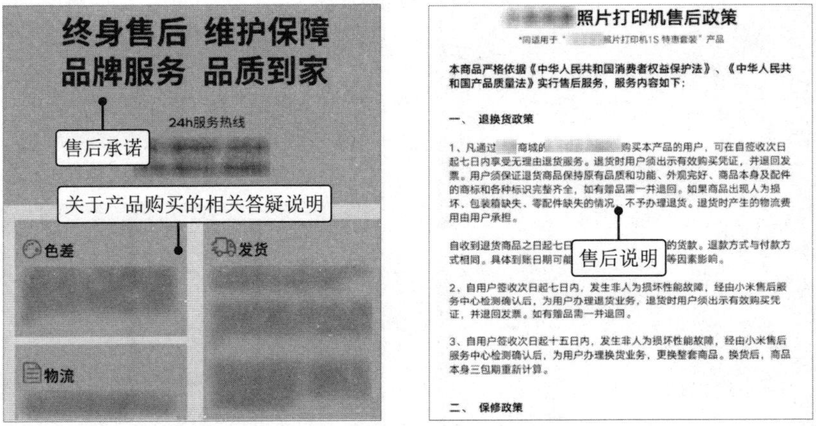

图 4-15 售后说明打消购买疑虑

5. 促进成交

在树立信任感、打消购物疑虑后，最后一步就是促进下单，可通过价格优惠、活动促销等方式进一步激发消费者的购买欲望，同时可添加关联营销板块给予买家更多选择机会，以提升店铺转化率，如图 4-16 所示。

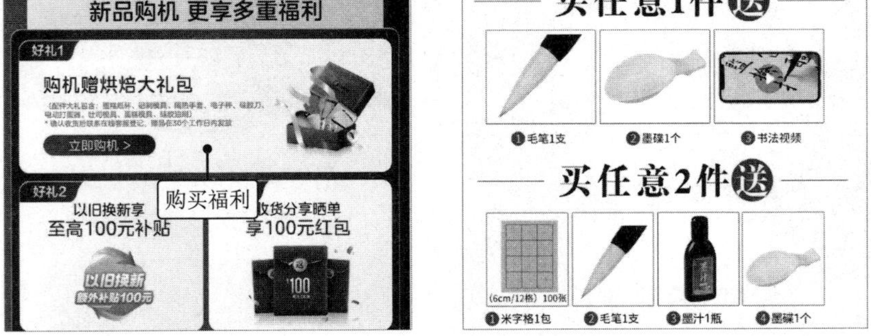

图 4-16 活动营销促进成交

详情页的内容结构并不是固定的，可根据产品的具体情况灵活调整，但核心信息应集中在前三屏展示，同时保证详情页内容浏览起来是顺畅的。

4.1.4　提升详情页的视觉美感

电商详情页需要注重视觉美感，舒适美观的详情页不仅能更好地传递信息，还能提升消费者的购物体验，在具体设计详情页时要注意三大视觉设计的要点。

1. 版式设计

版式设计会极大地影响详情页的美观度，在设计详情页的版式时应注意信息内容的合理排版，把握以下原则。

对齐原则：将图文内容按照某种对齐规则排版，如左对齐、居中对齐、斜向对齐等，使版面在视觉上看起来规整。

对比原则：指详情页的视觉元素在大小、色彩、位置等方面有对比，使版面呈现一定的变化，又能保证关键信息得到突出。

简洁原则：详情页应避免信息过多、杂乱无章的版式设计，构图不宜过于复杂，应简洁、协调，以保持页面内容清晰明了。

亲密原则：在安排详情页的图文内容时，具有相关性的内容在位置上应靠近排版，从而使内容之间的关系更加明确，以便消费者能更好地理解详情页内容。

2. 配色设计

配色会影响详情页的整体视觉感受，不同的颜色所传递的心理感受也各不相同，详情页的色彩可根据受众群体、产品特征、品牌风格来设计。

注意：因本书是黑白印刷，配色设计的内容通过书中图片很难直观感受颜色效果，这里主要是讲解理论方法，供借鉴参考设计原理。

受众群体：不同的受众群体有不同色彩偏好，比如女性通常喜欢柔美、温和的色彩，如粉色、桃红等，男性则更倾向于喜欢冷静、平和的色彩，如灰色、蓝色等。在产品受众明确的情况下，可以优先选择消费者偏好的色彩。

产品特性：在目标受众并不明确的情况下，可以根据产品特征来决定详情页的色彩，如户外产品可选择与自然环境相协调的绿色、蓝色、灰色等，定位于可爱萌趣的产品可选择暖橙、嫩绿、浅粉等清新温柔的色彩，节日礼品可选择热情、活力的红色、橙色、柠檬黄等。

品牌风格：色彩具有塑造品牌形象和吸引目标客户的作用，产品详情页的色彩还可以根据品牌定位和风格来设计，如品牌定位于年轻化、时尚、潮流，那么在设计详情页时就可以选择当下流行的色彩，比如赛博朋克风格的色彩；主打自然、环保的品牌可选择绿色、蓝色等色彩，以有效传递品牌理念；高端奢侈品牌可以选择金色、黑色、紫色等能带来神秘、绚丽、高端的色彩。

产品详情页一般不会只运用一种色彩，在进行色彩搭配时也要注意美观度。详情页的主要色彩控制在三种以内较好，这样既能保证色彩的丰富度，又不至于让页面显得过于花哨。

色彩的搭配方法有多种，如相近色搭配、同色系搭配、对比色搭配等，在设计详情页时，应遵循统一协调的色彩原则，在明确主色调的基础上适当运用色彩对比来突出重要信息，以提升页面的美感和可读性。一般来说，主色调可占画面 60% 以上的比例，辅助色可选择能衬托和强调主色调的色彩，以在视觉上形成层次感，同时突出重点。

3. 细节设计

详情页是电商转化率最高的页面之一，在细节的设计上也不能马虎，以下是关于详情页设计的细节建议：

①详情页的字体最好选择简洁易读的字体，便于消费者快速浏览信息，字体可限制在 2~3 种以内，避免过多使用不同的字体。字体的大小要适中，不能将所有的文字都设为相同的大小，标题字体可稍大、稍粗一些，长段

落的文字可稍小些，但不能过小，应保证买家能看清，同时注意文字分段，不可让文字看起来过于拥挤和紧密。

②商品图片是详情页的核心，详情页中使用的图片会很多，要保证图片清晰整洁，避免使用模糊或混乱的图片。

③详情页的图文内容不宜排版过密，可适当运用留白设计，让版面看起来更美观。

知识扩展　商品详情页如何避免售后纠纷

网上购物无法真实感受到商品，消费者主要通过详情页来了解产品信息，可通过做好以下四点来避免不必要的售后纠纷：

①尽可能详细介绍商品信息，如产品参数、功能、规格等，让买家对产品有清晰的认识。

②准确传递商品外观、尺寸、功效等信息，避免夸大商品。

③不要因为注重网页效果而过度美化产品图，产品图应与实物相符，包括颜色、款式等。

④详情页中使用的广告语应符合广告法的规定，不要使用夸张用语、虚假性词汇。

4.2　社交媒体图文种草

内容运营主要是利用新媒体渠道分享和展现营销内容，以吸引受众，促进产品销售和品牌认知，在众多新媒体渠道中，社交媒体是电商做内容运营不能忽视的一个重要渠道。

4.2.1　优质标题的三大特征

在任何一个社交媒体内容平台，标题都是重中之重，标题的好坏往往决定了图文内容的点击率。新媒体标题应符合网络传播特性，这样才能够获得大量的曝光，实现营销目的。总体来看，优质的标题具有以下特点。

简洁明了：在信息爆炸的新媒体环境中，人们通常只会在一个标题停留几秒钟，因此为了在有限的时间内吸引受众注意力，促使他们点击阅读，标题应简洁明了。图 4-17 为高阅读量的公众号标题，可以看到，这些标题都具有简洁精炼的特点。

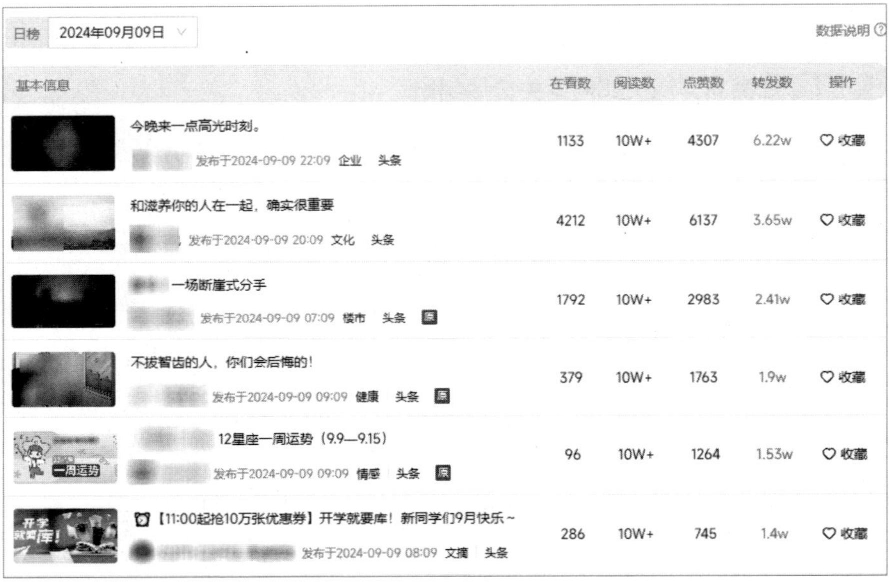
日榜 2024年09月09日 数据说明

基本信息	在看数	阅读数	点赞数	转发数	操作
今晚来一点高光时刻。 发布于2024-09-09 22:09 企业 头条	1133	10W+	4307	6.22w	收藏
和滋养你的人在一起，确实很重要 发布于2024-09-09 20:09 文化 头条	4212	10W+	6137	3.65w	收藏
一场断崖式分手 发布于2024-09-09 07:09 楼市 头条 原	1792	10W+	2983	2.41w	收藏
不拔智齿的人，你们会后悔的！ 发布于2024-09-09 09:09 健康 头条 原	379	10W+	1763	1.9w	收藏
12星座一周运势（9.9—9.15） 发布于2024-09-09 09:09 情感 头条 原	96	10W+	1264	1.53w	收藏
【11:00起抢10万张优惠券】开学就要库！新同学们9月快乐~ 发布于2024-09-09 08:09 文摘 头条	286	10W+	745	1.4w	收藏

图 4-17　高阅读量公众号标题示例

此外，有的社交媒体内容平台也会对标题的长度进行限制，这也使得我们在撰写标题时要精简，不能超过平台规定的字数。

网络化：很多爆款图文的标题都具有紧跟网络热点和流行词汇的特点，这能让标题更适合在新媒体上传播，也能起到吸引流量的作用。因此，在撰写社交媒体图文标题时也可以加入网络流行语、双关语或者热词，提高内容阅读量和转发率。下面列举一些紧扣网络流行词汇的标题。

实用范例　紧扣网络流行语的标题

应对扰乱班级的“显眼包”，用上这几招，让孩子“又爱又怕”

“99 大促狂欢”加倍！今天 12 点准时开抢！好价折扣别错过

别再给我发“绝绝子”了

你要在工作中“内卷”（深度好文）

上述标题中，显眼包、99 大促狂欢、绝绝子、“内卷”等都是较为流行的网络热门词汇。

符合事实：优质的标题应是符合事实的，但为了提高点击率和曝光率，部分运营者也会通过撰写夸大、误导性的标题来吸引公众点击，这种方法是不可取的。噱头标题确实能吸引公众点击正文，但当公众被标题诱导点击后，发现内容与标题不符，或是不能满足他们对有价值信息的需求，这就会引起公众的反感。因此，在撰写标题时应保证图文内容和事实是相符的。

4.2.2 如何打造爆款标题

社交媒体图文标题并没有固定的撰写模式，但一些标题撰写技巧是值得借鉴和学习的，灵活运用这些技巧可以帮助运营者更好地创作出吸睛标题，下面来看看能提升吸引力的爆款标题策略。

1. 借用疑问句

疑问句具有引发思考和探索的特点，在撰写标题时就可以通过提出问题来引发公众的好奇心，促使他们为了解答案或满足好奇心而点击阅读，技巧是用“如何”“为什么”“怎么办”“吗”等疑问词来创作标题，下面列举一些借用疑问句的标题。

实用范例 借用疑问句的标题

做美甲，你被套路过吗？

经常掏耳朵，会发生什么？

为什么现在的水果越来越甜了？

睡不好怎么办？别慌，赶紧收藏这份指南

2. 借用热点

当某个话题或事件成为热点时，通常能引起大量的讨论和分享，人们对与该话题或事件相关内容的需求也会增加，巧妙地结合热点来撰写标题，可以吸引更多点击和阅读。但要注意，热点具有时效性和突发性，热点借势要及时。另外，在标题中加入热点，还需要保证图文内容是与热点有关联性的，负面的热点、政治敏感类热点、与品牌调性不符的热点不能蹭。

为了及时把握热点趋势，运营人员可以借助社交媒体、第三方新媒体平台了解和获取热点榜单，如微博热搜榜、百度搜索风云榜、新榜等，图 4-18 为新榜热点指数。

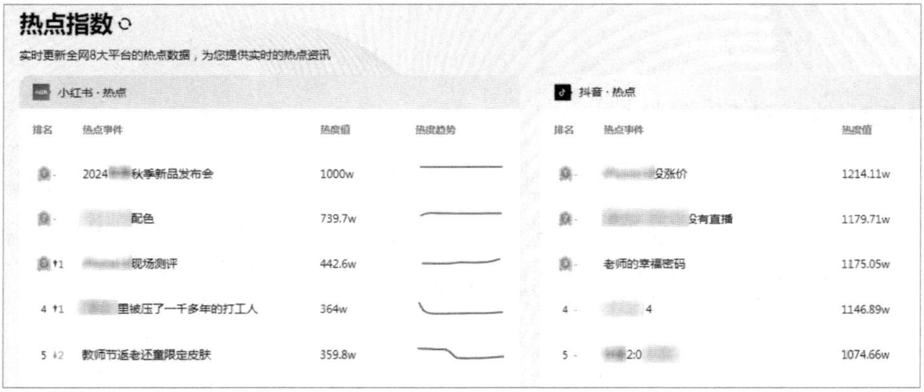

图 4-18　新榜热点指数页面

3. 借用数字

相比文字，在标题中使用阿拉伯数字会更直观清晰，能够让受众一眼看出标题的重点和主要内容，比如六大绝招与 6 大绝招相比，阿拉伯数字“6”明显更加突出醒目，也更能吸引注意力，下面列举一些借用数字的标题。

实用范例　借用数字的标题

7 个能成事的顶级思维
已老实！ 12.9 元超值两件套
4 款超上镜的扎发教程！

这 10 个行为，看似偷懒，其实巨健康！第 4 个你肯定喜欢
最近收到这 4 种快递，千万别拆直接扔掉！

4. 借用人群标签

在标题中加入人群标签可以快速锁定目标受众，更精准地吸引用户，比如目标受众是宝妈，那么就可以在标题中加入“宝妈”这一标签，使标题直接指向宝妈这一特定群体，提升图文内容被此类人群发现和点击的机会。人群标签有多种分类方式，可以按性别、年龄、职业、性格、地域、星座、爱好等加入人群标签，如以下标题范例。

实用范例　借用人群标签的标题

60 岁以上，景区免门票的 5 个省份，退休后一定要去一次！
好父母的三要诀：稳住嘴、正面情绪和积极心态
各位薯友：大薯周末买 1 送 1

5. 借用对比反差

借用对比反差是指让标题形成前后的对比反差效果，这种对比反差可以是认知、人群、观点、快慢的对比反差，此类标题是以一种看似矛盾的方式来制造悬念，从而引发好奇心，促使受众点击阅读，下面来看借用对比反差的标题范例。

实用范例　借用对比反差的标题

我不阻止孩子喝饮料，但这种一口都不行！
真正情商高的人，都懂得“装傻”

6. 利用好处吸引

针对电商营销类图文内容，利用好处吸引来撰写标题可以有效吸引那些对相关利益点感兴趣的受众，常用的利益点有低价、优惠、方法、技能等，下面为一些标题范例。

实用范例　利用好处吸引的标题

加我！周周 9.9 与 4.5 折券可同领
13.9 元任 2 件随心配！ 365 天常驻！
女性最养颜的三个瑜伽动作！
8 套！平价连衣裙合集分享来啦
来碗面吧，4 款巨好吃的汤面配方来了！

7. 借用逆反效应

借用逆反效应是指在标题中强调不让做某件事，从而让人们在逆反心理的驱使下反其道而行，在撰写这类标题时有一些关键词是比较常用的，如千万别看、慎点、不要，以下为一些标题范例。

实用范例　借用逆反效应的标题

慎点！剧情曝光，小心有剧透哦～
饿了千万别看，你咋不听话呢？
看了这篇，我想劝你取关。
如果你真的知道 ×× 的危害，请跳过本文章！

4.2.3　提高标题撰写的效率

做社交媒体内容运营，有时一天可能需要发布好几篇图文内容，这种情况下就需要提高标题撰写效率，以下方法可以帮助我们更高效地进行撰写。

1. 做好标题收集工作

在日常工作中，电商运营者要有意识地收集优质的新媒体标题，以便在创意枯竭时可以快速借鉴，并创作出合适的标题。另外，也可以收集整理一些合适的标题模板，在时间紧迫时直接套用。

在收集整理标题时最好注明标题的来源、关键词、账号类型等，这能帮助我们在创作时更好地进行筛选，表 4-1 为爆款图文标题库示例。

表 4-1　爆款图文标题库示例

标　题	来　源	渠　道	类　型	关键词	备　注
1 毛钱美妆好物，专业化妆师都在用	×× 网店	公众号	美妆	美妆好物	
一份可以直接照着买的彩妆清单	×× 网店	公众号	美妆	彩妆、清单	
高级感眼妆丨贵气黑金烟熏妆教程	×× 达人	小红书	美妆	眼妆、教程	
……					

2. 利用工具快速生成标题

在创作过程中，运营者还可以使用关键词标题工具来提高标题创作的效率，这类工具有很多，这里以新榜为例来看看如何使用标题生成工具。

实用范例　使用工具快速创作标题

进入新榜网站首页，登录账号，单击“小工具 / 标题生成”超链接，如图 4-19 所示。

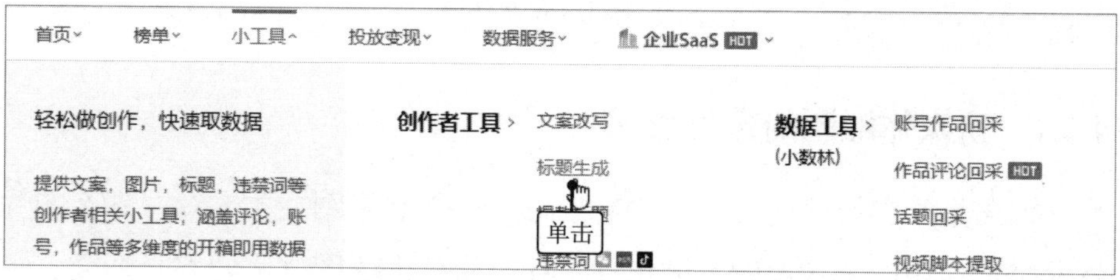

图 4-19　单击“小工具 / 标题生成”超链接

在打开的页面中输入关键词，选择标题风格，单击“开始生成”按钮，如图 4-20 所示。

在页面下方可以看到生成的五个标题，若对生成结果不满意，可以单击“重写”超链接，重写标题，如图 4-21 所示。

图 4-20　生成标题

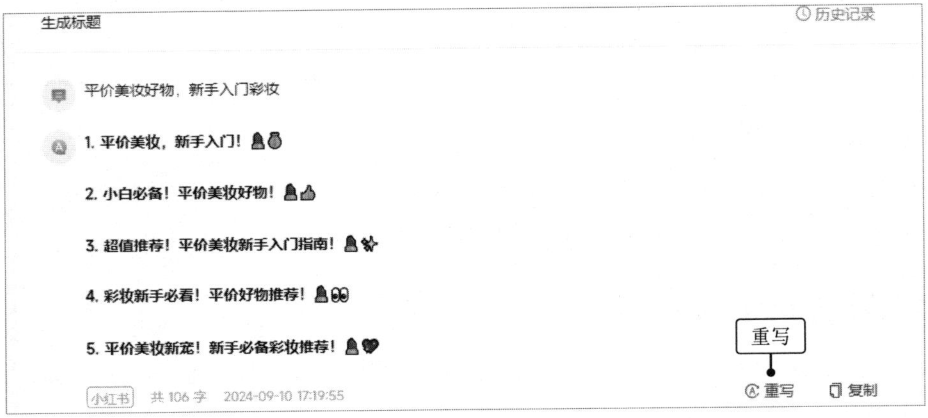

图 4-21　查看标题

4.2.4　新媒体配图的常见形式

图文是社交媒体内容创作的主要形式，既然是图文类文章，那么图片就是必不可少的。按照图文的类型，社交媒体上的图文主要有长图文、短图文和图集三种形式。

长图文：是一种长条形的图文形式，可用于展示连续性的内容，具有信息量大、直观易懂、便于分享等优点。

短图文：以文字 + 图片为主要表现形式，图片一般穿插于文字之中，这种图文形式能通过文字传达更深层次的信息和思想。

图集：以图为主、文为辅，可以展现多张图片，文案内容往往只有标题或标题 + 简单的描述，这种图文表现形式在小红书、微博等平台都比较常见。图 4-22 所示为小红书笔记，其内容以图集为表现形式，用户可左右滑动查看多张图片，文案内容则展示在图片下方。

图 4-22　小红书笔记

虽然社交媒体图文有多种表现形式，但总的来看，配图主要分为封面图和内容图两种。封面图是用于吸引用户注意、展示内容主题的图片，对于提升点击率具有重要作用。以下为常见的四种封面配图风格样式。

1. 实拍图 + 文字

以产品推荐种草、营销推广为主要目的的社交媒体图文都可以采用这种封面图形式，可以让受众对产品有一个直观的认识，如图 4-23 所示。

2. 纯色背景 + 简洁图形 / 文字

纯色背景图 + 简洁图形 / 文字是比较常见的封面配图形式，这种配图形式让观众第一眼注意到的并不是图片，而是文字本身，优点是可以用文字来点明内容要点，如图 4-24 所示。

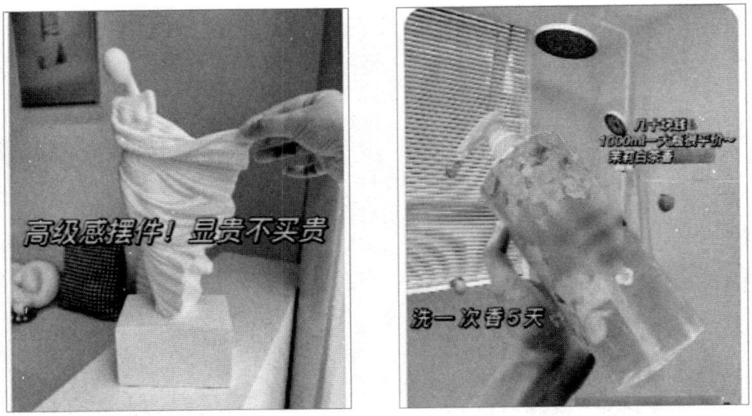

图 4-23　实物图 + 文字配图形式

图 4-24　纯色背景图 + 文字配图形式

在制作封面图时，如果觉得纯色背景看起来比较单一，那么也可以将其更换为画面看起来比较干净的摄影图、纹理图等作为背景，只要背景不花哨，同样能起到突出文字内容的作用，如图 4-25 所示。

图 4-25　突出文字内容的配图形式

3. 真人出镜

真人出镜式封面以人物为焦点，让人物露脸出镜有助于打造人设，也能增强可信度和亲和力，如图 4-26 所示。

图 4-26　真人出镜配图形式

4. 卡通风格

卡通风格的封面图在新媒体领域运用广泛，卡通形象或插画能在视觉上给人以活泼、有趣的感受，较为适合年轻受众，文案内容可以根据需要选择添加或不添加，如图 4-27 所示。

图 4-27　漫画风格配图

封面配图并不局限于以上几种风格样式，另外还有手绘、简约扁平、立体等风格，具体根据品牌和内容风格确定。在制作封面图时，还要根据发布的平台和内容形式来选择图片的版式，主要有横图、竖图和方图三种形式。

内容配图主要是为内容所服务的，因此主要选择与内容有相关性的图片，在具体配图时要注意以下五点：

①配图应反映内容主旨，避免与正文脱节。

②图片的风格应与文风协调一致。

③尽量选择清晰度较高的图片。

④注意图片的尺寸，以保证图片能在发布平台正常展示。

⑤内容配图应发挥锦上添花的作用，不能为了配图而配图，应确保配图不冗余，不干扰正文阅读。

4.2.5 快速搞定社交媒体配图

图文创作所需的图片可以自行拍摄，也可以通过素材网站获取，这类素材网站有很多，比如摄图网、千库网、花瓣网等，可以根据需要选择。找好图片素材，准备好文案后，就可以进行配图制作了。可以进行图片制作的工具有很多，下面介绍比较实用的一些工具，运营者可以根据个人喜好和熟练程度来选择。

Photoshop：简称“PS”，是大多数专业设计师常用的图像处理软件，具有功能强大、图像编辑功能丰富的优点，电商运营者需要先了解此软件的界面和一些常用操作，才能更好、更快地进行配图的制作。

修图制图类 App：对于简单的图片处理，在修图制图类 App 中制作是比较方便和快捷的，这类 App 有美图秀秀、黄油相机等，下面以黄油相机为例，来看看如何制作小红书笔记封面。

实用范例 **使用黄油相机制作小红书笔记拼图封面**

打开黄油相机，登录账号，点击“拼图”按钮，在打开的手机相册中选择图片，点击“开始拼图”按钮，如图 4-28 所示。

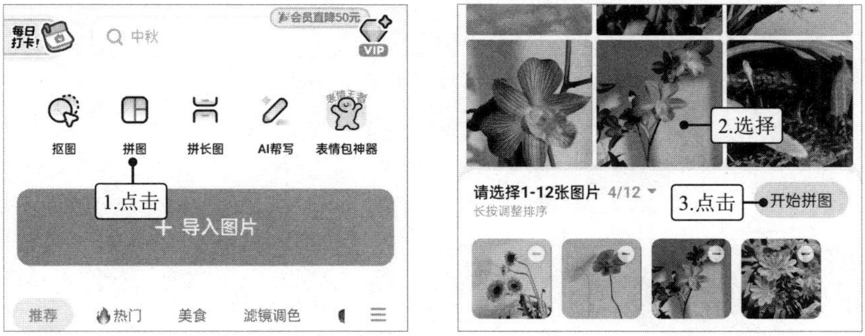

图 4-28　选择图片

小红书竖版封面图推荐比例为 3∶4，这里将图片比例设置为 3∶4，点击“去编辑”按钮，如图 4-29 所示。

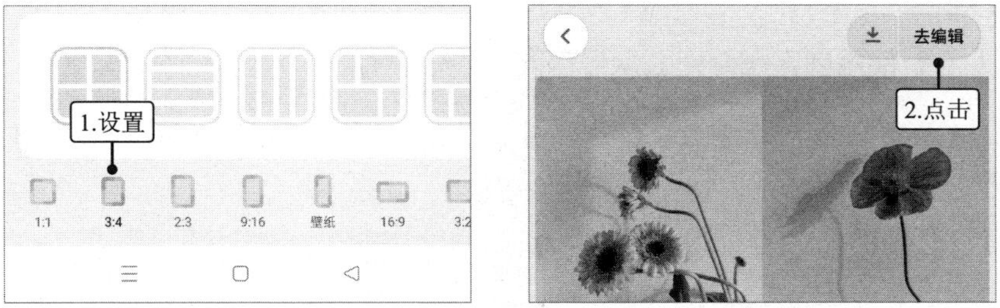

图 4-29　设置图片比例

进入编辑页面后，可以为封面图添加文字、贴纸，应用滤镜、特效，也可以使用模板快速进行图片编辑，完成编辑后点击“去保存”按钮保存图片，如图 4-30 所示。

网页类在线设计工具：运用网页类平面设计工具来制作图片也是很方便快捷的，如创客贴、图怪兽等，这类工具通常提供了海量的设计模板和素材，能帮助我们快速制作出需要的图片。下面以创客贴为例，来看看如何制作公众号首图。

图 4-30　编辑图片

实用范例 **使用创客贴制作公众号首图**

进入创客贴网站首页，登录账号，单击“公众号首图”超链接，如图 4-31 所示。

图 4-31　单击“公众号首图”超链接

页面中会显示公众号首图模板，选择合适的模板，如图 4-32 所示。

图 4-32　选择模板

单击画板中的元素即可对背景、图片、文字等进行编辑，以修改文字为例，点击文字后，上方会显示文本工具栏，可调整文字字号、方向、对齐方式等，如图 4-33 所示。

图 4-33　进行素材编辑

完成编辑后，单击“下载”按钮下载图片，注意部分模板为会员模板，需要开通会员后才能无水印下载，如图 4-34 所示。

图 4-34　下载图片

4.3　短视频电商引流带货

短视频具有短小精悍、内容丰富的特点，近年来，人们越来越倾向于通过短视频来获取信息和娱乐，短视频电商已是卖货的主流趋势，无论是在抖音、快手等主流短视频平台，还是在淘宝、京东、拼多多等电商平台，都可以看到短视频带货的身影。

4.3.1　创建吸引人的短视频账号

做短视频电商第一步是创建账号，创建账号并不是简单地注册账号，还需要对账号进行包装，这对于吸引关注，做营销推广具有重要作用。

1. 账号昵称

账号昵称相当于社交名片，最好在创建账号前就想好名称，一旦确定后就不要轻易更换，尤其是当短视频账号有了一定的粉丝后，频繁更换账号名称会影响粉丝对品牌的认知度，短视频账号取名有以下要点需要注意。

账号名称字数：短视频的账号名称不宜过长，太长的名称不利于用户记忆，也不利于账号的传播和推广，最好将名称控制在 3~5 个字。大多数视频平台对账号名称的字符数有要求，比如抖音账号名称最多为 20 个字。

独特性：账号名称应具有一定的独特性，避免与已有的知名账号重名，增加辨识度。可以在创建账号前进入短视频平台搜索，看拟定使用的名称是否已有用户使用。不建议通过使用生僻字来营造独特性，生僻字的识别难度较大，可能会影响受众对账号的理解。

符合定位：账号名称最好与自身定位保持一致，能让受众一看就知道我们是做什么的。对于有特定品牌的电商，可以在名称中融入品牌名，这样有助于建立品牌识别度。另外，也可以考虑使用与电商相关的关键词，如 ×× 小店、×× 店铺、×× 好物推荐等。结合经营类目来取名也是一种不错的取名方式，比如经营类目是美妆，则取名为 ×× 美妆，这种取名方式可以很好地体现账号的领域定位，吸引而来的粉丝也会很精准。

2. 账号头像

头像是账号形象的一种体现，也是重要的识别标签，代表着个人或品牌的形象，一个合适的头像不仅能让人产生好感，还能更好地吸引他人关注。对于大多数电商来说，都可以使用品牌标识作为短视频账号头像，个人品牌电商及博主，则可以使用真人照片作为头像，强化个人形象。虽然短视频账号头像的更换没有次数限制，但也不建议频繁修改，账号头像一旦确定，最好保持一定的稳定性。短视频账号头像的设置要避免以下误区：

①不要试图使用血腥、低俗、恶心的图片作为头像来博眼球，这种行为只会适得其反，引起用户反感。

②账号头像应具备一定的辨识度，不要使用没有识别性的背景图片作

为头像。

③尽量选择清晰度较高的图片作为头像，头像设计应简洁，以确保即使在缩小时也能清晰辨认；以真人照片作为头像时，应确保人物清晰可见。

④不要用各类二维码作为头像，如账号二维码、店铺二维码。

3. 账号简介

账号简介类似于自我介绍，它不仅是账号的“名片”，还是向潜在受众展示自己的一种方式。简介对吸引粉丝和塑造品牌形象具有很重要的作用，通过阅读简介，用户可以快速了解账号的定位、特色、主题等，从而决定是否关注。在写账号简介时，可以从以下方面入手：

①说明账号的身份、定位，告诉潜在受众我们是谁，我们是干什么的。

②介绍账号的内容方向、特色等，告诉粉丝我能提供什么，或是我们是做什么内容的，以体现账号价值，吸引关注。

③电商博主、达人可以在简介中介绍个人风格、标签，强化账号人设。

④营销推广的内容也可以放在简介中，如店铺直播时间、店铺名称、合作邮箱等，方便为店铺引流或扩展商业合作。

电商可以通过简介来建立起自己的品牌影响力，积累粉丝基础，图 4-35 为抖音短视频账号简介示例。

图 4-35　抖音短视频账号简介示例

4. 账号背景图

在对短视频账号进行设置时，很多运营者可能会忽视背景图。背景图实际上是个人主页的“门头”，可以通过背景图强化账号形象，进行品牌宣传。在设置短视频账号背景图时要注意以下三点：

①尽量选择清晰的图片作为背景图。

②背景图中可以添加文字信息，但要注意图片尺寸，确保文字内容不被遮挡，能正常显示。

③背景图的风格要与账号定位相符

图 4-36 为抖音短视频账号背景图示例。

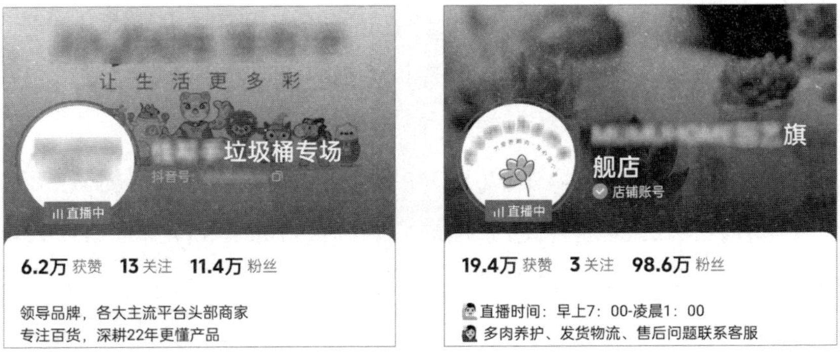

图 4-36　抖音短视频账号背景图示例

4.3.2　策划优质短视频内容

利用短视频进行电商带货，优质的内容是赢得用户关注、实现营销转化的立足之本。特别是在账号建立初期，在没有粉丝基础的情况下，更需要好的内容来吸引观众的注意力，实现快速增粉。

在拍摄短视频前，最好进行脚本设计。脚本相当于短视频拍摄的框架大纲，它规定了视频的画面内容、角色、对白、景别等内容，可用于指导拍摄和后期制作，能帮助提高短视频制作质量，表 4-2 为短视频脚本模板。

表 4-2 中镜号指镜头的先后顺序，以明确哪些画面在前，哪些画面在后。

表 4-2　短视频脚本模板

镜号	画面内容	景别	拍摄技巧	时间	台词	音效	备注
1	展示产品外观全貌	全景	固定镜头拍摄	3s			
2	近距离展示细节	近景	推镜头突出产品	6s			
3	产品细节设计特写	特写	特写突出细节	8s			
4	……						

运营者也可以借助视频剪辑工具来帮助提高短视频脚本制作的效率，以剪映为例，来看看如何制作短视频脚本。

实用范例　通过剪映创建短视频脚本

在手机中打开剪映 App，点击“展开”按钮，在打开的页面中点击“创作脚本”按钮，如图 4-37 所示。

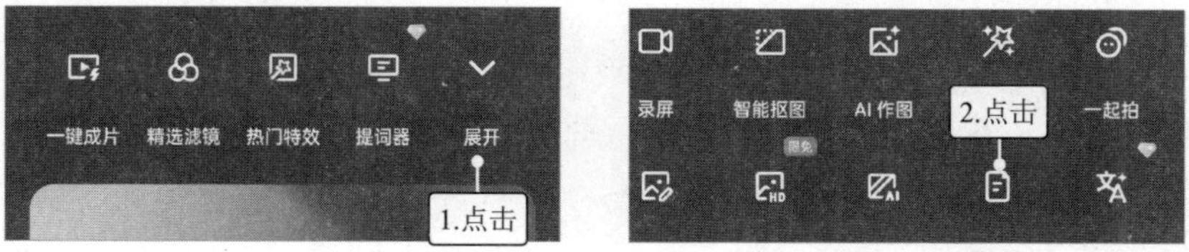

图 4-37　打开剪映 App

进入“创作脚本”页面后，可以选择脚本模板，也可以新建脚本，这里在“好物分享”中选择合适的模板，在打开的页面中查看脚本结构，确认选择后点击“去使用这个脚本”，如图 4-38 所示。

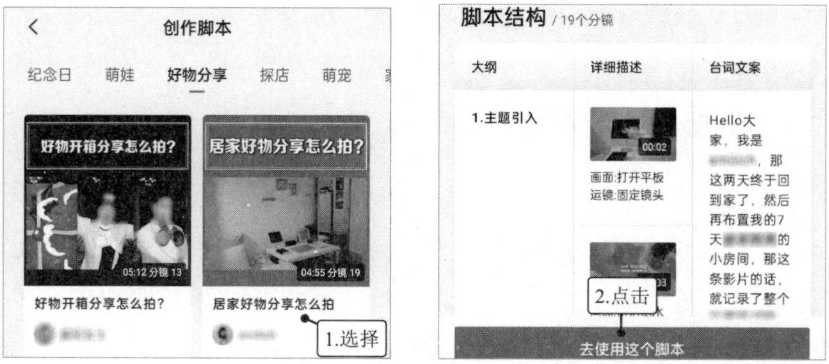

图 4-38　选择脚本模板

在打开的页面中对脚本进行修改，编辑详细描述和台词文案，上传素材，完成脚本编辑后，可点击“导入剪辑”按钮进行短视频剪辑，如图 4-39 所示。

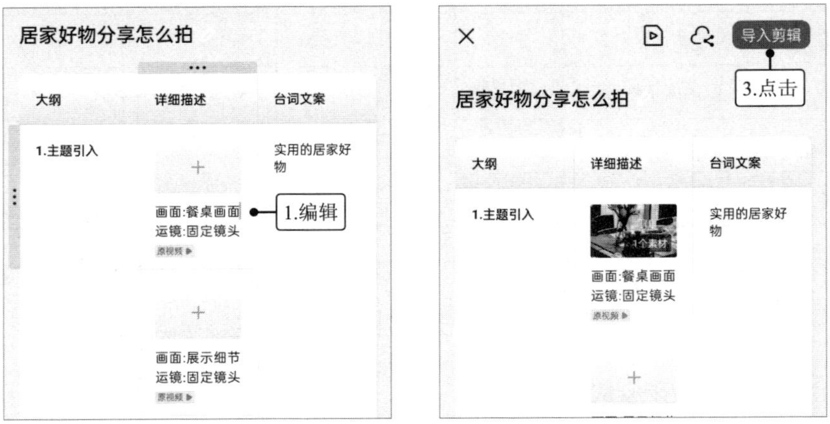

图 4-39　编辑脚本

短视频的内容类型有多种，如开箱评测、生活 vlog、搞笑剧情、知识教程等。电商运营者可以结合粉丝喜好、热点话题、竞品短视频账号来找短视频灵感，确定好视频内容主题后再通过脚本进行创意构思。

知识扩展　短视频内容的时长

短视频内容的时长一般不长，主要在 15 秒到五分钟之间。视频时长主要取决于内容。在制作短视频时应注意精简内容，避免让观众觉得视频无聊。营销类短视频建议将时长控制在一分钟以内，营销内容时长过长也容易引起用户的反感。

4.3.3　制作吸引人的短视频

优质的短视频内容需要精心制作，无论是拍摄，还是后期剪辑都需要用心完成，这样才能吸引到粉丝，提高视频的点击率和流量。除了视频本身的创意外，视频的拍摄质量和后期剪辑也会影响视频的吸引力，在拍摄短视频时需要灵活运镜，运镜能增强画面的丰富性与趣味性，相反，缺乏运镜的视频会显得单调乏味。运镜的方式有很多种，下面介绍六种常用的运镜技巧。

1. 推镜头

推镜头是指由远及近向被摄对象推进拍摄，这种运镜方式可以从远到近突出主体，使视觉逐渐聚焦，图 4-40 为推镜头示意图。

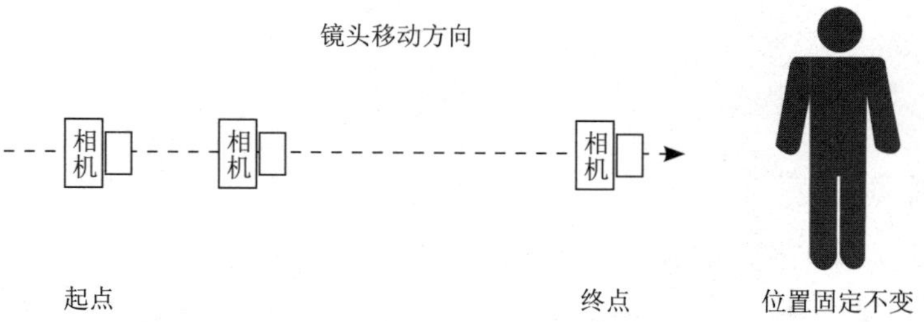

图 4-40　推镜头示意图

2. 拉镜头

拉镜头与推镜头运镜方向相反，是指由近及远逐渐离开拍摄对象，被拍摄主体会随着镜头的拉远逐渐由大变小，镜头中容纳的画面内容也会越来越多，能表现主体与环境之间的关系，图 4-41 为拉镜头示意图。

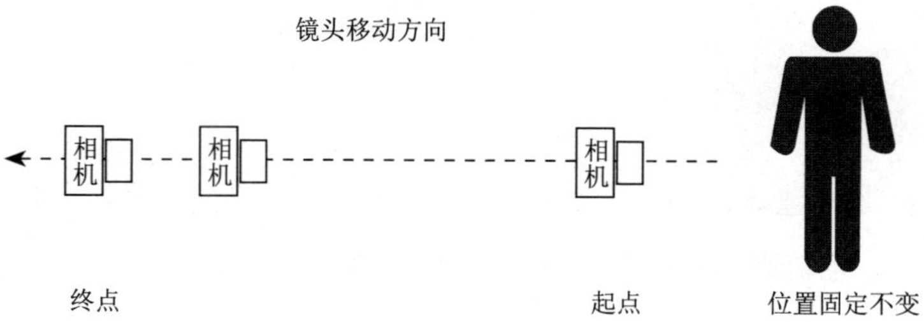

图 4-41　拉镜头示意图

3. 移镜头

移镜头是指镜头沿水平方向移动拍摄，这种运镜手法通过移动的画面来增加视觉冲击力，可以使背景始终处于变动状态，不会让画面显得枯燥。在移动拍摄的过程中，为避免抖动而影响视频观感，可以借助稳定器来减少拍摄过程中的晃动和震动，保证画面稳定流畅，图 4-42 为移镜头示意图。

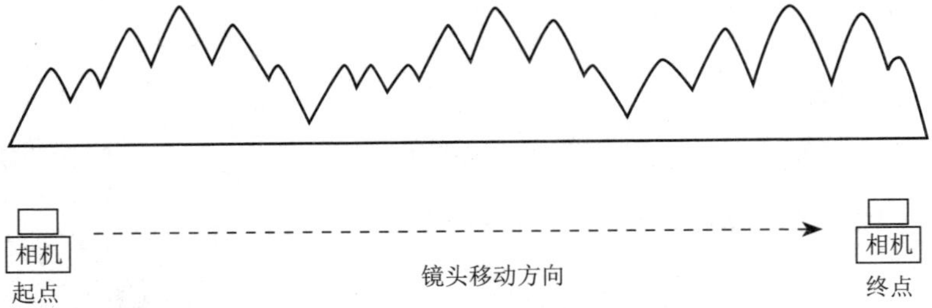

图 4-42　移镜头示意图

4. 摇镜头

摇镜头运镜拍摄时，摄影设备机位保持不动，通过镜头左右摇或上下摇来呈现被拍摄主体不同角度的特征，图 4-43 为摇镜头示意图。

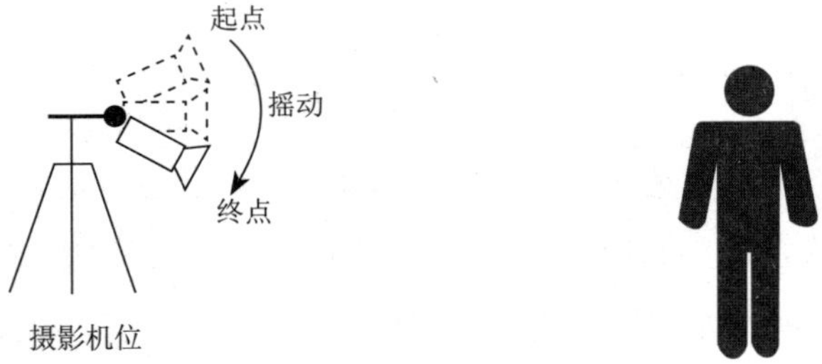

图 4-43　摇镜头示意图

5. 跟镜头

跟镜头很好理解，即跟随被拍摄主体进行移动拍摄，这种运镜手法可以带来连贯流畅的叙事效果，图 4-44 为跟镜头示意图。

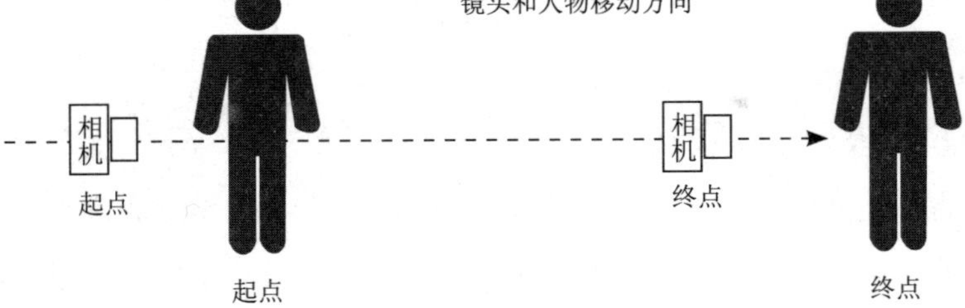

图 4-44　跟镜头示意图

6. 环绕镜头

环绕镜头是指以被拍摄主体为中心，机位围绕主体进行环绕运动拍摄，这种运镜方式可以多角度展现被拍摄主体，图 4-45 为环绕镜头示意图。

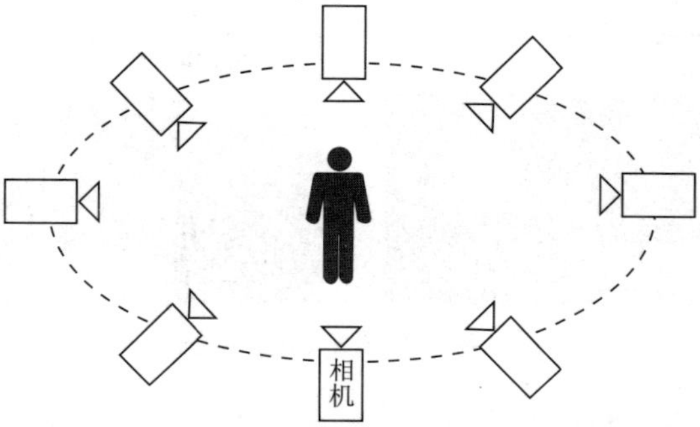

图 4-45　环绕镜头示意图

剪辑是将拍摄的视频进行后期处理的过程，通过选择、取舍、分解与组接素材，能让视频结构严谨、节奏鲜明、连贯流畅，提升视觉体验。短视频剪辑主要可以分三步骤，见表 4-3。

表 4-3　短视频剪辑步骤

步　骤	详细内容
粗剪	粗剪是按照设计的画面顺序或故事节奏对视频素材进行排列组合，主要目的是构建整个视频的整体结构，保证视频片段顺序正确。在粗剪的过程中，会对素材进行初步筛选，删掉冗余的视频片段，保留精彩片段
精剪	精剪是在粗剪的基础上对视频进行更细致的剪辑，包括添加配乐和音效、制作字幕和特效等精细化操作，这一步对提高视频质量至关重要
导出	导出是指输出成品视频，导出视频时要注意分辨率、帧率、视频格式等的选择

短视频剪辑工具有很多，有专业的 Adobe Premiere Pro、Final Cut Pro 等专业视频剪辑软件，也有适配手机端的剪辑 App，如剪映、快影等，根据需要选择即可。

4.3.4　如何快速创作营销短视频

针对简单的带货短视频，也可以借助 AI 工具来提高视频制作的效率，下面以剪映为例，来看看如何制作。

实用范例 剪映 AI 智能生成营销推广视频

打开剪映 App，点击“营销成片”按钮，在打开的页面中点击“+”按钮，如图 4-46 所示。

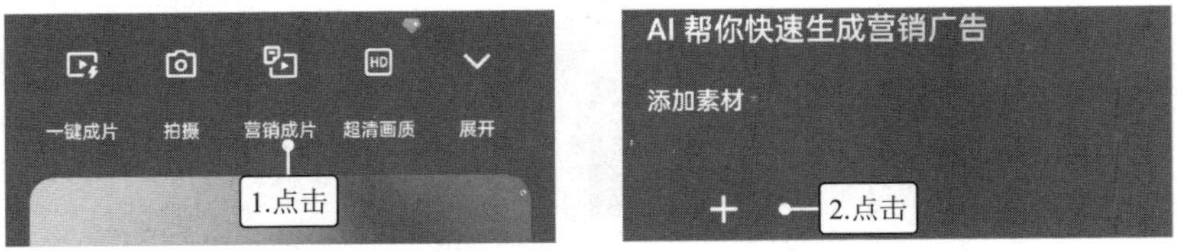

图 4-46　使用营销成片功能

在手机相册中选择视频素材，然后点击“下一步”按钮，如图 4-47 所示。

图 4-47　添加素材

在返回的页面中填写商品名称、商品卖点、适用人群等信息，点击“生成视频”按钮，AI 会智能分析视频并添加字幕、音乐，等待程序生成视频，预览视频效果，若要修改，可点击“点击编辑”按钮，如图 4-48 所示。

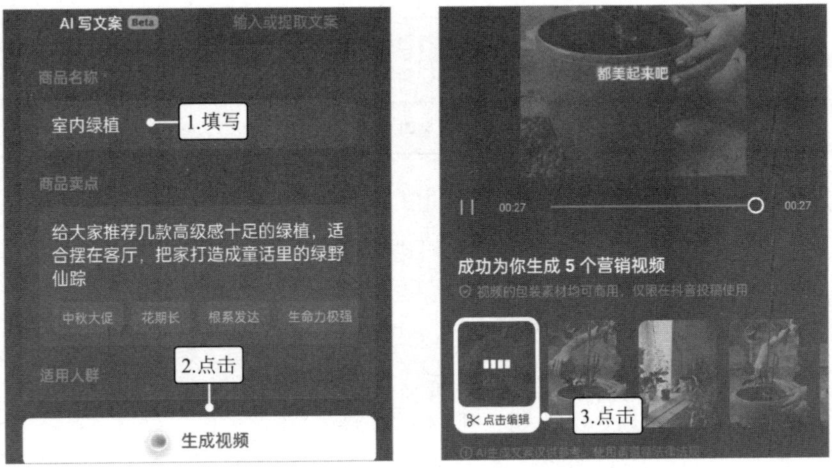

图 4-48　智能生成视频

在打开的页面中可对视频素材、字幕进行修改调整，完成编辑后，点击“导出”按钮导出视频，如图 4-49 所示。

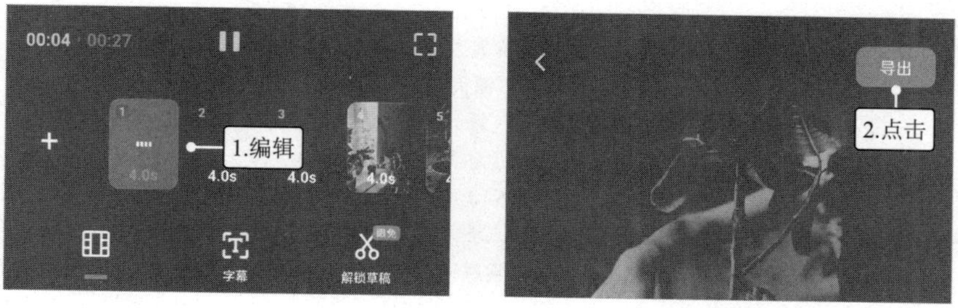

图 4-49　导出视频

4.4　直播带货运营促转化

电商商家要保持竞争优势，就需要不断寻找新的推广渠道和销售方式，直播就是很适合商家的一种新型带货方式。这种销售形式增强了商家与消费者之间互动，能有效提高转化率。

4.4.1　如何开启直播带货

要开启直播带货，首先要满足直播带货的条件，不同平台条件不同，以淘宝和抖音为例，这两个平台开通直播的要求见表 4-4 和表 4-5。

表 4-4　淘宝直播入驻条件

角　色	准入要求
达人	淘宝会员可经由淘宝直播平台入驻成为达人主播，须满足： ①如为个人，须完成个人实名认证，且年满 18 周岁（同一身份信息下只能允许一个淘宝账户入驻）。 ②如为企业，须完成企业实名认证（同一营业执照下允许≤ 10 个淘宝账号入驻）。 ③如淘宝 / 天猫平台卖家申请成为达人主播须具备一定的店铺运营能力和客户服务能力。 ④账号状态正常，且具备一定的推广素质和能力，满足淘宝直播平台的主播要求，账号实际控制人的其他阿里平台账户历史未被阿里平台处以特定严重违规行为处罚（包含但不限于出售假冒商品、发布违禁信息、骗取他人财物等）或发生过严重危及交易安全、发布交互风险信息等情形

续上表

角　色	准入要求
商家	商家可经由淘宝直播平台入驻成为商家主播，须满足： ①在淘宝 / 天猫平台开设店铺，且店铺状态正常的商家。 ②根据平台要求完成认证，如为个人需年满 18 周岁。 ③未经平台允许，店铺主营类目不可为限制推广的主营类目。 ④账号状态正常，且具备一定的推广素质和能力，满足淘宝直播平台的主播要求，账号实际控制人的其他阿里平台账户历史未被阿里平台处以特定严重违规行为处罚（包含但不限于出售假冒商品、发布违禁信息、骗取他人财物等）或发生过严重危及交易安全、发布交互风险信息等情形。 ⑤对商家准入有特殊要求的，从其规定。 注：新开店铺且无销量商家无法校验到类目，入驻直播会提示类目不符，待有销量后再开通直播

表 4-5　抖音直播带货权限条件

角　色	准入要求	资质材料
电商创作者 / 达人	①创作者账号需已完成实名认证。 ②粉丝数量≥ 1000	①二代身份证；②个人银行账户
个体工商户 / 企业	①创作者账号需已完成实名认证。 ②粉丝数量≥ 1000	①营业执照；②二代身份证；③银行账户信息

商家或达人可通过“抖音电商”官网开通电商带货权限，其中个人账号有效粉丝数量 <500 时，仅可获得橱窗带货权限；有效粉丝数量≥ 500（达到数量要求的次日）时，可开通视频 / 图文带货权限。除抖音个人号以外的账号，粉丝数量 <1000 时，仅可获得橱窗带货权限。

4.4.2　安全带货要懂的直播规则

直播带货一定要遵循平台的规则，不少头部主播也出现过因直播间违规而被封禁处罚的情况。常见的直播违规行为有如下一些，主播要注意规避。

1. 商品违规

并不是所有的商品都能在直播间上架销售，主播不得通过直播推广平台限制的商品。以抖音为例，平台禁止发布的商品 / 信息有枪支、弹药、军火、武器类；国家机关相关用品类；管制器具类；易燃易爆物品及危险化学品类；毒品及相关工具类；危害国家安全、破坏政治与社会稳定的有害信息类；色情、暴力、低俗类；涉及欺诈、盗窃、作弊、骚扰他人等商品或服务类；金融相关商品及服务类等。

2. 推广用语违规

口播过程中推广用语使用不当是大多数主播较常遇见的违规场景，包括使用了广告禁用词、虚假宣传、欺骗误导消费者等，主播要想更好、更合规地分享和宣传商品，就需要清楚推广用语的禁区和边界。由于涉及的词汇较多，这里仅罗列部分，见表 4-6。更详细的规则可查看平台的用语规范。

表 4-6　抖音直播常见违禁词

类　型	相关词汇
广告禁用词	①包含“最”的相关词语，如最、最佳、最具、最赚、最优、最优秀、最好、最大、最大程度、最高、最舒适、最先、最先进、最新、最流行、最时尚等。 ②包含“一”的相关词语，如第一、全国第一、全网第一、销量第一、排名第一、第一品牌、行业第一、仅此一家等。 ③包含“级 / 极”的相关词语，如全球级、宇宙级、世界级、极品、极佳、顶级、顶尖、尖端、顶级工艺等。 ④包含“首 / 家 / 国”的相关词语，如首个、首选、全球首发、全国首家、全网首发、首款、首家、独家配方、全国销量冠军、国家级产品等。 ⑤虚假承诺和高风险诱导类相关词汇，如包过、一本书学会、一套题学会、一次通过、一次通关、保过、保值、升值、升值回报、立马升值等。 ⑥表示绝对、极限且无法考证相关词语，如世界领先、行业领先、领先上市、性价比之王、领导品牌、领导者、巅峰、绝无仅有等。 ⑦与欺诈有关，涉嫌欺诈消费者的相关词语，如全民免单、点击有惊喜、点击获取、点击转身、秒杀全网、大亏特亏等。 ⑧医疗器械 / 滋补膳食 / 保健食品类商品相关宣传词语，如推荐、选用、获奖、无效退款、不反复、三天即愈、一盒见效、彻底康复、无副作用、痊愈、安全、热销、抢购、试用、免费治疗等
材质规范表述	①羽绒服，填充物为羽绒，且含绒量明示值不得低于 50%，才可宣称羽绒服。 ②丝绸围巾、披肩，蚕丝含量 30% 及以上的围巾 / 披肩才可宣称为丝绸围巾 / 披肩。 ③真丝，蚕丝含量大于等于 90% 的面料可宣称为真丝。 ④真皮，面层材料 90% 以上使用头层皮革（头层移膜皮革除外），可宣称真皮。 ⑤羊毛、羊绒被，含羊毛 50% 及以上的被子可称为羊毛被，含羊毛 100% 的叫纯羊毛被；含山羊绒 30% 及以上的被称为羊绒被，含山羊绒 95% 及以上的叫纯羊绒被

续上表

类　型	相关词汇
规范用语	这些词语可以说，但需要注意使用规范： ①红血丝、敏感肌、皮脂膜，角质层、细胞等，推广美妆商品时可以使用，但需合理描述，不得夸大产品功效。 ②祛斑、美白、防晒，需满足商品资质才能宣传功效，且宣传时需与商品实际功效信息保持一致，普通化妆品不得宣传祛斑、美白、防晒功效。 ③预售、现货秒发、× 天发货，描述应与实际情况一致，不能虚假承诺。 ④有机，需要在视频内容页或商品详情页醒目地展示，宣称有机产品，需展示有机产品认证证书

3. 主播着装违规

在直播间带货，主播应注意着装规范，若着装低俗、暴露，也会导致直播间被处罚，主播在直播时应遵守以下着装规范。

①着装应避免过于暴露，如衣衫不整、走光，大腿、背部裸露过多，镜头长时间展示敏感部位等。

②着装应避免引人误解，如穿着诱惑性制服、透视装、暴露装、浅色紧身打底裤，男性赤裸上身直播。

③不能穿着国家机关人员、军队工作制服进行直播。

④禁止在身体各部位画低俗图像或写低俗文字，裸露纹身等。

4.4.3　直播间布置与装修技巧

直播间的布置不仅关乎美观，更关乎用户体验和粉丝的留存率，那么电商卖家要如何布置更加有吸引力的直播间呢？以下方法可供参考。

1. 合理的灯光布置

为什么有的直播间看起来昏暗模糊，而有的非常清晰，原因就在于灯光。无论是室内直播还是户外直播，为保证商品能清晰展示，都需对灯光进行设置。开播前可以根据机位预先调试灯光，确保直播间看起来是明亮的。

不同类型的直播间，灯光使用会有区别，一般来说，美妆、服饰类直播间建议使用白色系冷光，以更好地还原色彩，提高细节的可见性；而美食类直播间则建议使用暖光，暖光能使美食看起来更加诱人。直播场景不同，布光方式也有一定区别，下面介绍四种常见的布光方式，如图 4-50 所示。

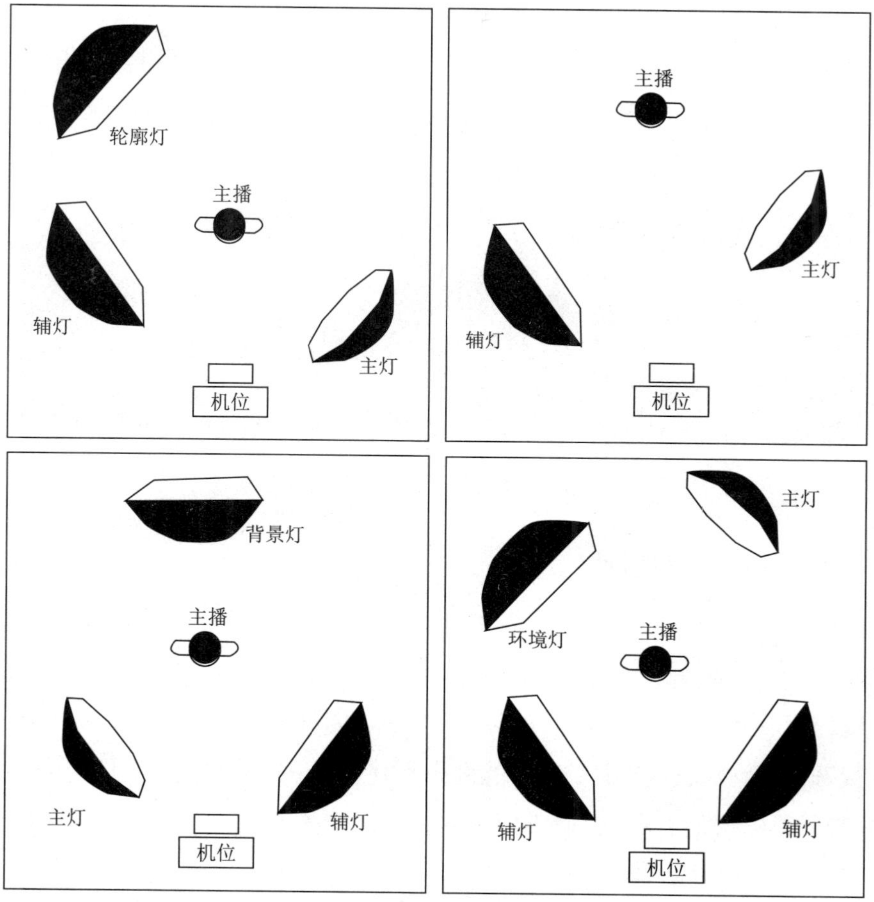

图 4-50　直播间布光方式示意图

2. 直播间环境选择和布置

直播间的环境可根据销售的商品来进行选择和布置，好的直播间布置可以起到吸引观众和提高互动的作用。为避免直播期间被外界干扰，一般要选择相对独立、安静的空间来作为直播场地，户外直播也尽量选择不存在噪声干扰的环境。

直播间的布置以整洁、干净为原则，避免看起来杂乱无章。根据直播场景的需要，可为直播间搭建一个简洁、有特色的背景，以提升直播间的专业度，可以使用背景布、背景墙纸等。也可使用绿幕，通过抠图将绿幕置换成想要的背景，实现虚拟背景，但背景可能缺少层次，若抠图效果不佳会使直播间看起来不自然。图 4-51 为不同风格样式的直播间装饰背景布。

图 4-51　不同风格样式的直播间装饰背景布

3. **直播间贴片的设置**

贴片是直播间的一种信息展示方式，具有辅助主播传达信息、美化直播间、提升直播转化率的作用。它用于展示商品信息、营销活动、直播议程、人物信息、互动提示等。贴片的位置、样式和数量会影响直播间的美观度，建议选择简洁风格的贴片，贴片的面积不宜过大，且不要遮挡主播的面部，数量最好不要超过两个，通常放置在直播画面的侧面，这样既不影响观众查看，也不会影响直播观感，如图 4-52 所示。

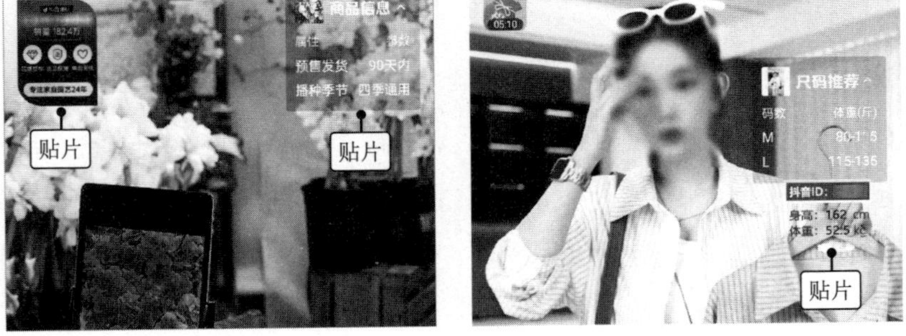

图 4-52　直播间贴片

4.4.4　直播有效讲解促成订单

优质的直播讲解能增加用户的信任感和购买意愿。从商品介绍到引导下单，主播的讲解应该是循序渐进的，以下是常见流程。

第一步，直播互动：刚开播时可与进入直播间的观众互动，吸引其停留在直播间。互动内容如开场问候、直播预告、福利抽奖活动等。

第二步，产品介绍：互动结束后就可以进行产品介绍了，讲解产品的功能、材质、优势、价格、发货时间等信息。

第三步，产品上架：详细介绍产品后就可以上架产品链接了，上架链接的同时最好对链接的具体位置进行指引，便于观众快速找到商品并下单。

第四步，下单引导：要有效提升直播间的转化率，还要运用一定的促单技巧，比如通过限时折扣、限量发售、发放优惠券等方式吸引观众下单。

第五步，限时催单：为促进犹豫的观众尽快下单，可以采取一定的催单策略来激发观众的购买欲望，常用的策略见表 4-7。

表 4-7　直播间催单的策略

策　略	催单方式
强调限时优惠	直播过程中向观众强调商品的优惠仅限于本场直播
倒计时下架	倒计时下架可以营造购买氛围，比如主播口述还有两分钟就要下架了，没有买到的要抓紧时间了；最后三秒钟下链接，错过真的很可惜
报库存	报库存与倒计时下架的作用相同
限量销售	限量销售策略利用了“饥饿营销”原理，比如在直播间强调产品优惠数量仅有 100 份，卖完就没有了
加赠策略	通过提供额外的福利来吸引观众购买，比如在限时折扣的基础上加送产品套装，以吸引更多观众参与购买，从而提升直播销量

直播过程中可能源源不断有新观众进入直播间，因此，整个直播期间主播可能需要反复强调福利、重复介绍产品，所以主播应有足够的耐心，体现主播的职业素养，也能提升观众的满意度，提升直播间的转化率。

第5章

用户运营留住客户提高转化率

产品运营、内容运营和用户运营是电商运营的三个组成部分，各自承担着不同的职责和目标。不重视用户运营可能会造成资金与精力的浪费，降低转化率，而不断吸引新用户并留住老客户，也是电商保持业务增长和竞争力的关键。

5.1　持续引流扩大销售空间

引流是用户运营工作中的重要一环，对于提升品牌知名度、扩大市场份额具有重要意义。通过引流，电商可以吸引更多用户了解产品并购买产品，进而扩大销售空间。

5.1.1　做好搜索优化让店铺流量飙升

对于经营网上店铺的电商卖家来说，提高搜索排名是商品及店铺在众多竞争者中脱颖而出的关键。提高商品和店铺在电商平台搜索结果排名的技术手段被称为 SEO，即搜索引擎优化。

搜索引擎优化的目的在于增加流量和曝光度，从而吸引更多潜在客户。以淘宝为例，搜索引擎优化的主要内容如下：

1. 标题优化

标题与搜索词匹配度越高，获得的排名就越好。因此，标题优化是搜索优化的基础。电商运营者需深入了解目标用户的搜索习惯和需求，为商品标题选择合适的关键词，具体可参考第2.2.3节的内容了解如何挖掘标题关键词。

2. 优化商品属性

在发布商品信息时，尽量完整填写商品属性。商品属性能够帮助消费者更充分地了解商品信息，而平台也会根据消费者搜索的关键词，再通过匹配属性信息，展示给消费者相应的商品。由此可见，商品属性填写的准确程度会影响搜索排名，所以，电商卖家要充分了解商品特性，正确、完整地填写商品属性，特别是与该商品有关的关键词，一定要包含在属性中，比如服饰，袖长属性“短袖”，领型属性“圆领”，都属于重要的属性关键词。

3. 优化商品描述

商品描述优化包括文案、图片、视频的优化，优质的商品描述是提高客单价和转化率的关键要素。商品描述中的文案应简洁明了，要避免冗长复杂的句子，尽量使用高清、多角度的产品图片展示产品细节和特点，还可以利用视频进一步丰富商品介绍。商品描述的内容应根据市场和竞争对手的变化情况来针对性地更新优化，以保持竞争力。

4. 优化转化率

在其他条件不变的情况下，商品转化率越高，搜索排名往往越靠前。而转化率的高低与商品标题、描述、产品质量、客户服务等都有关。电商运营者可结合店铺数据，分析影响转化率低的原因，然后针对关键影响因素做运营优化。

5.1.2　短视频站内引流吸引更多用户

短视频已经成为电商引流拉新的主要方式，那么如何借助短视频吸引更多潜在客户呢？

1. 原创视频引流

基本上所有的短视频平台都非常重视原创作品，部分平台针对原创内容还给予优先展现、流量加持等奖励。因此，电商卖家最好发布高质量、有价值的原创视频，以提高短视频作品的曝光度。

2. 热门话题引流

电商运营者要善于借助热点来提升视频流量，在发布短视频时，可在标题和描述中添加热门话题标签，以增强视频热度，如图 5-1 所示。

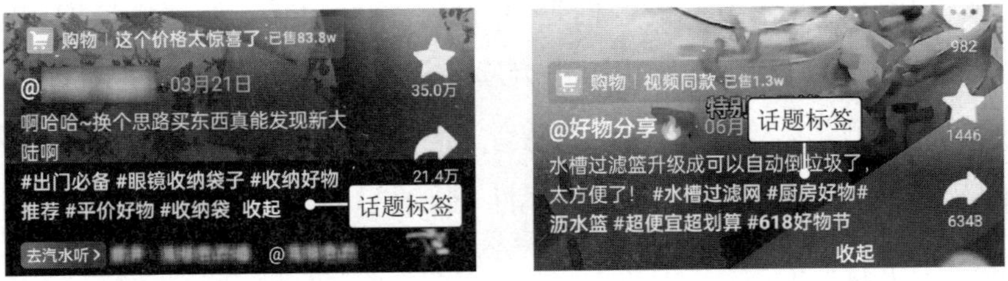

图 5-1　抖音视频标题添加话题

除在视频标题和描述中添加话题外，参与话题活动也是有效引流的重要手段。以抖音平台为例，电商可以通过参与或发起挑战赛来获得高流量曝光。抖音挑战赛是一种话题活动，创作者可以通过参与挑战赛来获得流量、现金等活动奖励，而电商和企业则可以通过挑战赛来实现品牌营销。图 5-2 为“人类高质量暑假”话题活动。

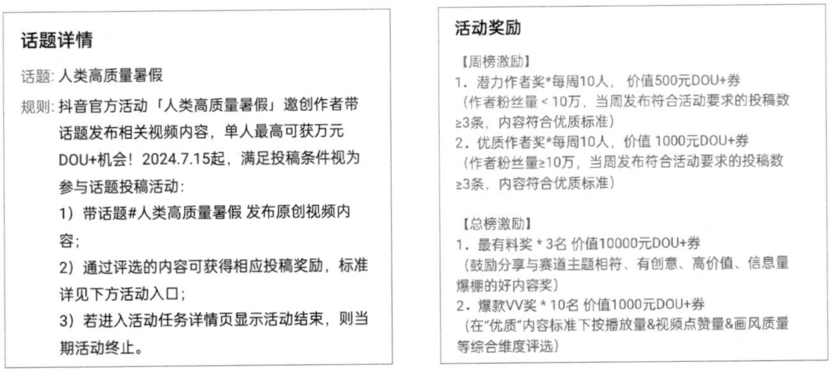

话题详情

话题: 人类高质量暑假

规则: 抖音官方活动「人类高质量暑假」邀创作者带话题发布相关视频内容，单人最高可获万元DOU+机会！2024.7.15起，满足投稿条件视为参与话题投稿活动:

1）带话题#人类高质量暑假 发布原创视频内容;

2）通过评选的内容可获得相应投稿奖励，标准详见下方活动入口;

3）若进入活动任务详情页显示活动结束，则当期活动终止。

活动奖励

【周榜激励】

1. 潜力作者奖*每周10人，价值500元DOU+券（作者粉丝量＜10万，当周发布符合活动要求的投稿数≥3条，内容符合优质标准）

2. 优质作者奖*每周10人，价值 1000元DOU+券（作者粉丝量≥10万，当周发布符合活动要求的投稿数≥3条，内容符合优质标准）

【总榜激励】

1. 最有料奖 * 3名 价值10000元DOU+券（鼓励分享与赛道主题相符、有创意、高价值、信息量爆棚的好内容奖）

2. 爆款VV奖 * 10名 价值1000元DOU+券（在“优质”内容标准下按播放量&视频点赞量&画风质量等综合维度评选）

图 5-2　“人类高质量暑假”话题活动

抖音挑战赛具有流量入口丰富、互动性强、受众群体广泛等优势，对于中小型电商或达人来说，完全可以借助这些话题活动来实现账号曝光以及引流涨粉，有条件的电商还可以发起挑战赛来助力品牌传播，下面来看看如何参与抖音话题活动。

实用范例　参与抖音话题活动获得流量奖励

打开抖音 App，点击“我”按钮，在打开的侧边工具栏中点击“抖音创作者中心”按钮，如图 5-3 所示。

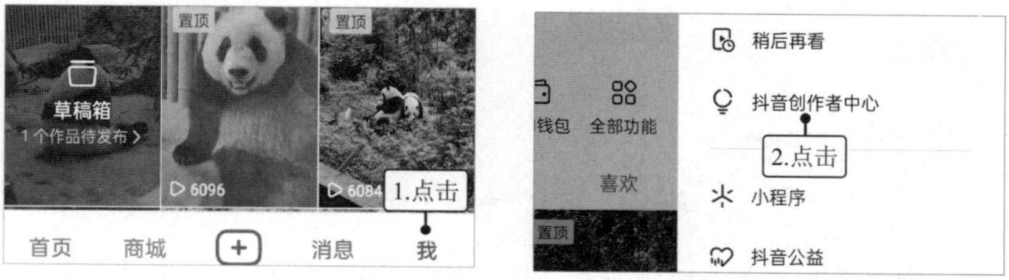

图 5-3　进入抖音创作者中心

在打开的页面中查看官方活动，点击“去参与”按钮，在打开的页面中查看活动时间、活动玩法、关联话题和活动奖励，点击“去参与”按钮发布视频并投稿，如图 5-4 所示。

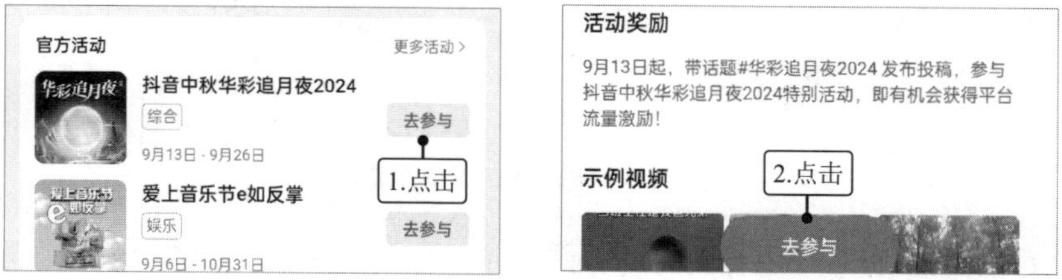

图 5-4　参与活动

3. 热点榜单引流

在短视频平台，要学会借助热点流量的力量来引流。热点具有爆发高、传播快、时效短的特点，那么电商运营者要如何更快地发现热点并利用热点呢？一个比较简单有效的方法就是通过热点榜单发视频，从而实现视频的高效传播和引流，下面以抖音为例来看看如何操作。

实用范例　抖音热点榜单发视频引流

打开抖音 App，在搜索文本框中搜索“热点小助手”，在搜索结果中点击“进入”按钮，在打开的页面下方点击“管理”按钮，如图 5-5 所示。

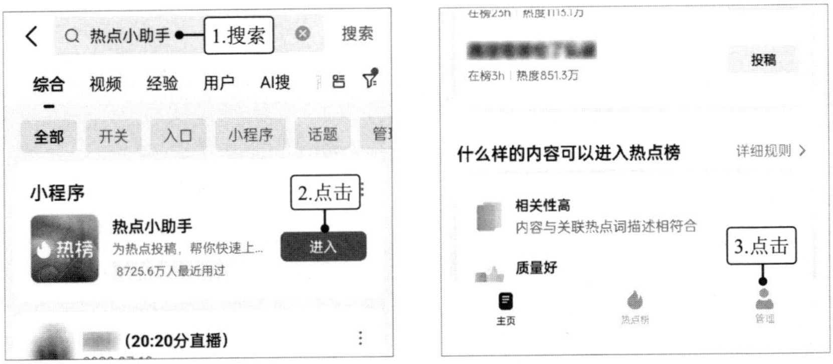

图 5-5　搜索“热点小助手”

进入管理页面，点击按钮开启“热点关联功能”（注意，当前只针对一万粉丝以上用户开放投稿功能），返回首页，点击“热点榜”按钮，如图 5-6 所示。

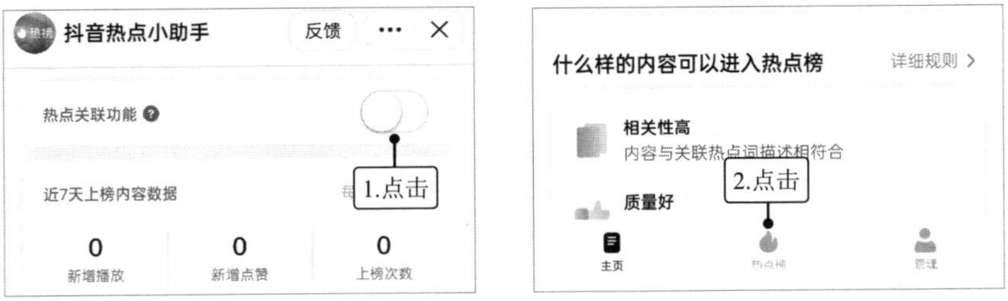

图 5-6　开启热点关联功能

在热点榜单页面选择与账号相契合的热点，点击“投稿”按钮，拍摄或上传视频，点击“下一步”按钮，如图 5-7 所示。

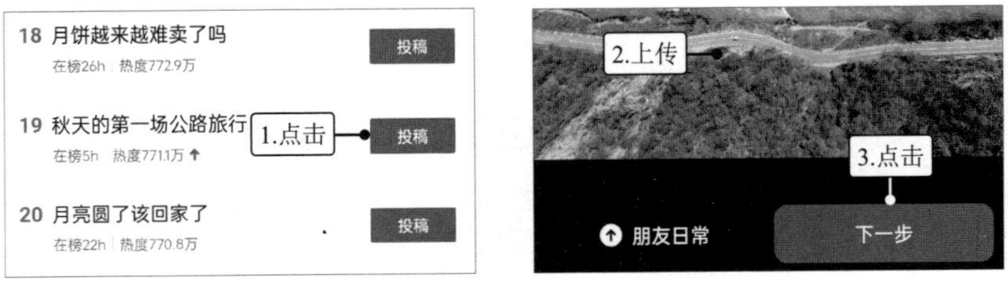

图 5-7　上传视频

进入视频发布页面，设置关联热点，点击“发布”按钮发布视频，如图 5-8 所示。

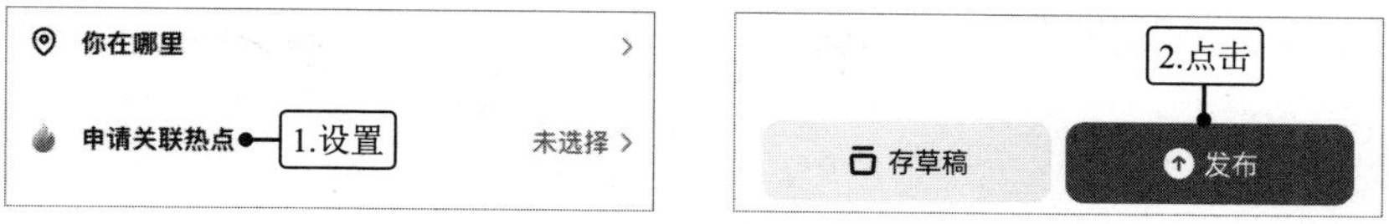

图 5-8　发布视频

5.1.3　定向推广增加曝光精准引流

付费推广是电商持续获取稳定流量的主要方式，电商平台及各大新媒体平台都为创作者，以及商家提供了不同的推广工具，这里主要介绍淘宝和抖音平台的推广工具。

1. 淘宝

淘宝为商家提供的推广工具有很多，关键词推广、人群推广、消费者推广、店铺推广等。

关键词推广：关键词推广即升级版的淘宝直通车，是按照点击付费的营销推广方式，无点击不扣费，商家可以投放品牌词、种草词、行业词等关键词，将商品精准展现在搜索结果页。

人群推广：人群推广为原淘宝引力魔方，提供精准人群引流推广，主要覆盖手机端淘宝“猜你喜欢”等推荐场景，如首页、购物车、微淘、有好货等。人群推广的优势在于能够圈定目标人群，帮助实现精准人群拉新和转化。

消费者推广：消费者推广提供拉新快、会员快、粉丝快三种推广工具，拉新快能够帮助商家高效实现店铺拉新，加速新客转化；会员快是针对会员的一种推广方式，能帮助店铺吸引新会员加入，促进老会员激活；粉丝快能助力商家扩大有效粉丝规模，促使粉丝进店和互动，提升粉丝人群价值。

店铺推广：店铺推广工具又称为全店智投，是一种智能投放工具，能帮助商家低门槛、高效率实现生意增长。

除以上推广工具，淘宝还提供了其他推广工具，商家可进入千牛卖家中心查看推广服务，选择合适的推广工具进行投放，如图 5-9 所示。

图 5-9　千牛卖家后台推广页面

2. 抖音

抖音也有相应的付费推广工具，包括 DOU+ 推广、开屏广告、信息流广告、商城品牌广告等。

DOU+ 推广：DOU+ 是抖音内容加热和营销推广工具，适用于视频和直播推广，能通过推广视频或直播间精准获取兴趣用户，实现拉新和商品引流。DOU+ 的投放比较简单，以视频推广为例，选择要推广的视频，点击“•••”按钮，在打开的下拉页面中点击“上热门”按钮，如图 5-10 所示。

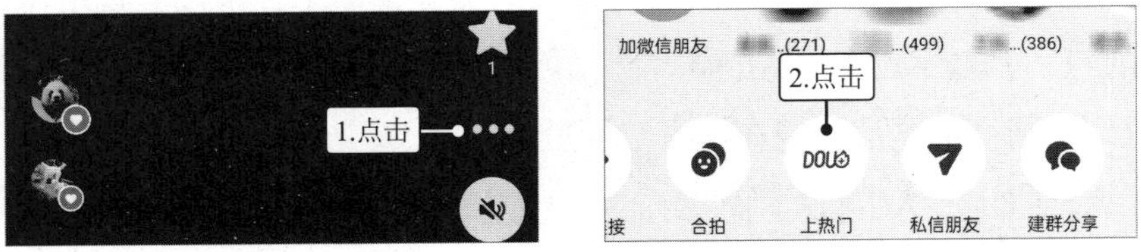

图 5-10　使用 DOU+

在打开的页面中进行推广设置，设置投放金额，完成支付，等待平台审核通过，如图 5-11 所示。

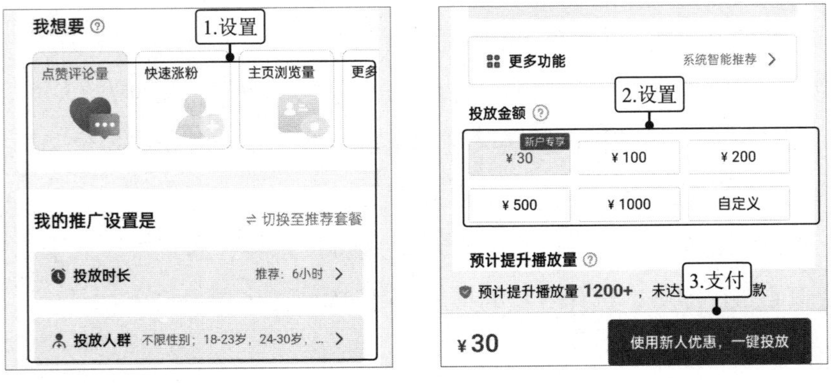

图 5-11　投放 DOU+

开屏广告：开屏广告在用户打开 App 时展现，能够快速吸引用户的注意力，增强用户对品牌的记忆度，比较适合预算充足、追求品牌曝光和快速吸引目标用户的电商。

信息流广告：信息流广告在信息场景展现，在用户浏览视频的过程中，出现在推荐页中的广告就是信息流广告。信息流广告能融入内容场景，提供良好的用户体验。

商城品牌广告：商城品牌广告能触达抖音商城“猜你喜欢”位置，可以帮助商家积累有购买意向的用户，提升商品销量。

除以上四种推广方式，抖音还有搜索品牌广告、搜索竞价广告、场景化投放等工具，可通过巨量引擎官方网站进行推广投放。

5.1.4　达人合作推广带来稳定流量

达人具有一定的粉丝量基础，电商与达人合作推广可以迅速触达广泛的受众，使产品快速获得大量曝光。另外，与有影响力的达人合作，还可以借助达人的形象提升品牌价值。与达人合作关键是要找到符合要求的达人，选择达人时应考虑以下四个关键因素。

与行业的适配度：大多数达人都有其深耕的领域，在筛选达人时，需要了解达人的行业定位，是家居行业，还是美食、汽车、健身等行业，考虑达人的行业或领域是否与经营类目相匹配。

达人的商业能力：达人的商业能力也是必须要考虑的一个因素，可以通过查看达人的历史带货数据、直播场均销售额、合作店铺数量来评估其商业能力。

粉丝特征的匹配度：通过达人的影响力来吸引和影响他们的粉丝，从而实现营销目标，是与达人合作的目的之一，因此，达人的粉丝群体与品牌的目标受众是否相匹配是很重要的。运营者需要了解达人粉丝的性别、年龄、地域、兴趣特征等属性，粉丝属性与目标受众越匹配，合作推广的有效性也会越高。

佣金报价：达人粉丝体量、带货能力不同，收费标准也不同，商家需要结合自身预算来选择达人。预算有限的商家不必追求与头部达人合作，也可以考虑合作中尾部达人，相对成本更低，合作方式往往也能更灵活。

运营者可通过新媒体平台、创作者营销生态服务平台（如巨量星图）或第三方数据平台“达人广场”筛选达人，再通过私信、电子邮件、代理商等与达人取得联系，与达人沟通合作意愿，确认合作后沟通合作细节并签订合同，以明确双方的权益和责任。图 5-12 为第三方数据平台达人库，可按行业、带货类目、带货数据、粉丝数据等进行达人筛选。

图 5-12　第三方数据平台达人库

知识扩展　与达人合作的四种方式

电商与达人的合作方式多种多样，包括但不限于以下四种：

①由商家提供图文或视频内容，达人将该内容发布到自己的账号中。

②商家仅提供素材，由达人结合素材创作图文或视频，然后发布。

③商家仅说明营销需求，达人按照任务要求制作图文或视频，然后发布。

④以直播形式与达人合作，达人需要在直播间进行品牌推广或电商带货。

5.2　维护客户关系减少流失率

通过各种渠道实现拉新引流后，还需要通过关系维护来减少流失率，让客户留存下来。留存是电商实现客户商业价值的关键，通过留存客户，可以提高其忠诚度，从而实现销售频率和金额的可持续增长。

5.2.1　电商用户留存的方法

在电商行业，获取新客户的成本通常远高于维持现有用户（即留存用户）的成本，那么，如何留住用户呢？电商可以通过多种策略来提高用户留存率，见表 5-1。

表 5-1　提高用户留存率的策略

策　略	具体描述
提供高质量的产品和服务	提供高质量的产品和服务是留住客户的基础，只有产品和服务足够优质，才能赢得顾客的信任和忠诚
优质的客户服务	良好的客户服务可以提升顾客对网店的好感度，具体可从三点入手： ①快速响应的在线客服，及时回复顾客的咨询和留言。 ②优质的售后支持，对顾客提出的问题或投诉积极回应并解决，建立良好的客户关系。 ③提供多种沟通方式，包括电子邮件、短信、社群等，通过这些渠道主动了解客户的需求和期望，不断优化产品和服务，提供更加卓越的客户体验
加强用户互动	通过社群、营销活动、老客户回馈等方式与客户保持联系和沟通，增强客户的黏性和忠诚度，如分析客户的购买记录和兴趣偏好，向其推荐符合他们个人需求的产品或服务；定期发送优惠信息给客户；提供专属优惠券、抽奖、会员折扣等激励措施，增加老客户购买意愿的同时提升忠诚度
打造良好形象	电商商家应注重品牌形象的建设，通过发布品牌故事、宣传品牌价值观，树立积极正面的品牌形象，提高用户对品牌的认同感

一般情况下，店铺或社交媒体平台有一定的粉丝流失是正常的，只要粉丝增长速度超过了粉丝的流失速度，那么运营就是良性的。但如果流失率远大于涨粉率，甚至粉丝增长趋势为负，那么就要格外引起注意了。

实用范例 通过数据了解粉丝增长趋势

图 5-13 为抖音账号粉丝趋势对比。

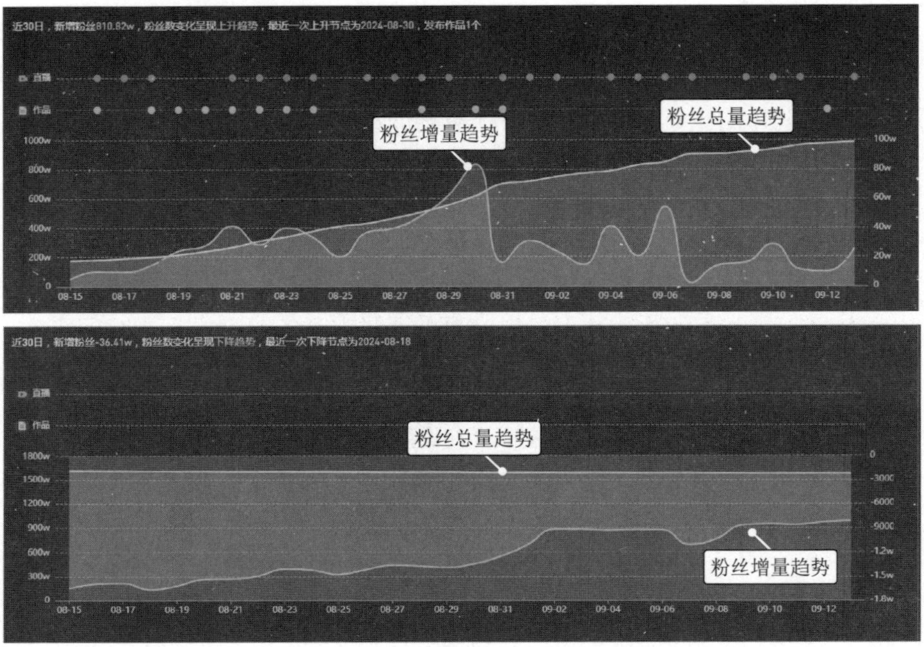

图 5-13　抖音账号粉丝趋势对比

从展示的数据可以看出，图 5-13 上图粉丝增量波动上涨，粉丝总量呈现上涨趋势，可见账号运营良好，且粉丝留存率较高。图 5-13 下图粉丝增量为负增长，粉丝总体数量不增反降，可见掉粉数量远大于涨粉数量，粉丝留存率不高，面对这种情况运营者就需要分析粉丝流失的原因，并有针对性地调整和优化运营策略。

作为运营者，一定要经常关注数据和粉丝反馈，通过数据追踪和分析了解店铺及新媒体账号的运营情况，并采取有效的策略拉新和留存用户。

5.2.2　沉淀粉丝注重私域运营

用户留存是电商私域运营中的重要指标，私域和公域是两个重要的概念，代表了不同用户的数据和渠道。

私域：私域是指商家自主拥有的用户数据和渠道，比如社群、公众号、小程序、自建的商城等，商家可以通过这些渠道直接触达粉丝，与客户建立更紧密的关系。

公域：公域是指商家不能自主掌控的渠道，比如第三方电商平台、社交媒体平台、搜索引擎等，这些渠道是第三方运营的，虽然这些渠道用户规模大，每天访问的用户也很多，但公域流量属于公共流量，不属于商家自己，任何主体都可以通过合规的方式获取和利用这部分流量。

通过二者的含义，相信运营者可以明确私域运营的重要性。相比公域流量，私域流量具有稳定、可控的特点，可以更精准地进行推广和定向营销。做私域运营，需要将公域流量引流到私域渠道中，私域引流的常见方法如下：

1. 搭建社群

社群是重要的私域渠道，商家可以在电商及社交媒体平台搭建社群，并引导粉丝加入社群，比如在网店页面放上入群链接，在图文、短视频或直播中介绍如何加入社群，在账号简介中引导加群等，如图 5-14 所示。

图 5-14　加群引导示例

社群的创建一般比较简单，但不同的平台对于创建社群还是有一定的条件限制，以淘宝群为例，淘宝粉丝群有四种，不同的群，门槛不同。

会员群：可用于沉淀优质会员提升复购与客单价，会员群仅限天猫商家，仅已购会员可加群。

快闪群：可用于沉淀大促潜客快速做转化，快闪群日常只针对群运营等级 L4 的商家开放权限，大促期间会开放快闪群白名单申请通道。

直播群：可用于沉淀直播间铁粉提升活跃度，淘宝群互动组件在直播间右侧展示，该功能目前仅对报名商家 / 主播开放。

商家群：可作为蓄水池沉淀各类用户提升黏性，近 30 天支付宝成交笔数≥ 90 笔或店铺近 180 天成交金额≥ 100 万元才可建群。

淘宝商家可根据自己店铺情况来建群，具体可通过千牛卖家后台创建。抖音、快手、微博等平台也能创建粉丝群，商家可自主创建。

2. 创建微信公众平台

微信公众平台也是私域运营中不可或缺的一部分，不仅可以进行单向营销宣传，也可以获得粉丝的反馈和评论，微信公众平台的账号类型分为服务号、订阅号、小程序三种。

服务号：服务号能提供强大的业务服务与用户管理能力，主要偏向服务类交互，一个月(按自然月)内可发送四条群发消息，适合企业、品牌商家。

订阅号：侧重于向用户传达资讯，适合个人、媒体、企业和其他组织，订阅号一天内可群发一次消息。

小程序：小程序是一种不需要下载安装即可使用的应用，电商商家可以利用小程序开展裂变营销、搭建会员积分系统等。

以上三种账号各有优势，可根据需要搭建。进入微信公众平台后单击“立即注册”按钮，在打开的页面中选择账号类型进行注册，如图 5-15 所示。

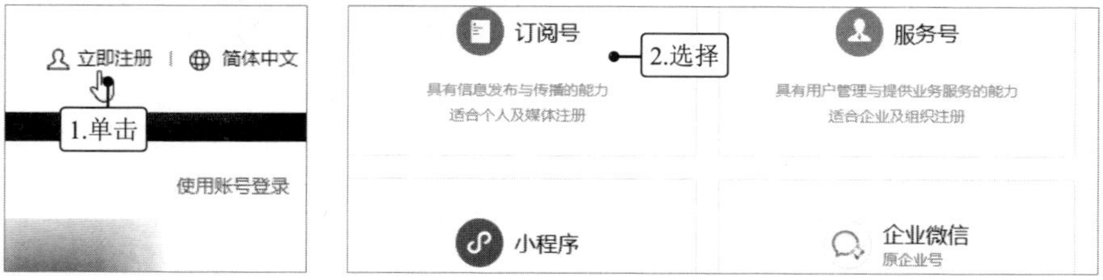

图 5-15　注册微信公众号

3. 自建商城

有条件的电商还可以自建独立商城，以扩大品牌影响力。自建商城的优势在于高度的自主性，商家可以更好地掌握用户数据和交易流程，但商城的搭建和运营也需要资金投入，电商需要根据自身实际需求来综合考虑。

5.2.3　店铺的“会员制”管理

“会员制”是电商私域运营的一种主要方式，通过建立会员体系，能够为店铺积累更多忠诚客户，提升客户交易频率和价值。另外，通过会员体系可以将营销策略应用于特定的会员群体，实现精准营销和转化。在搭建会员体系时，要根据行业特性及消费者的特征等实际情况来搭建，完整的会员体系通常包含四个方面的内容。

会员等级：会员等级是会员分类的一种体现，通过对会员进行等级划分，可以为不同的会员提供不同的服务，实现会员的精细化运营，比如根据会员的消费能力，将会员分为普通会员、高级会员、VIP 会员和至尊会员，不同等级的会员享受的权益和优惠不同。

会员权益：应为不同等级的会员设计不同的权益和服务，如果所有会员权益相同，将无法起到激励客户成长的作用，常见的会员权益有折扣优惠、积分奖励、生日礼品、专属活动等。

会员成长：成长值是会员等级和权益设计的关键基础，会员成长体系明确了客户从非会员到高级会员的转变过程，大多数电商都是以消费金额来制定会员成长体系，其目的是促进消费增长。

会员激励：会员激励是会员体系的重要组成部分，通过设计激励奖励可以鼓励会员消费或参与活动，比如会员积分满 200 分可以兑换 20 元优惠券；会员等级达到至尊级可免费兑换店铺礼品。

实用范例　电商会员规则和体系

会员等级体系最好包括多个层级，每个层级对应不同的成长值或消费金额要求，以激励会员增加消费频率和消费金额。图 5-16 为某电商会员规则和会员体系。

可以看到该电商以消费金额来划分会员等级，会员成功交易后可获得会员积分，还可享受专属优惠券、积分兑礼等福利。

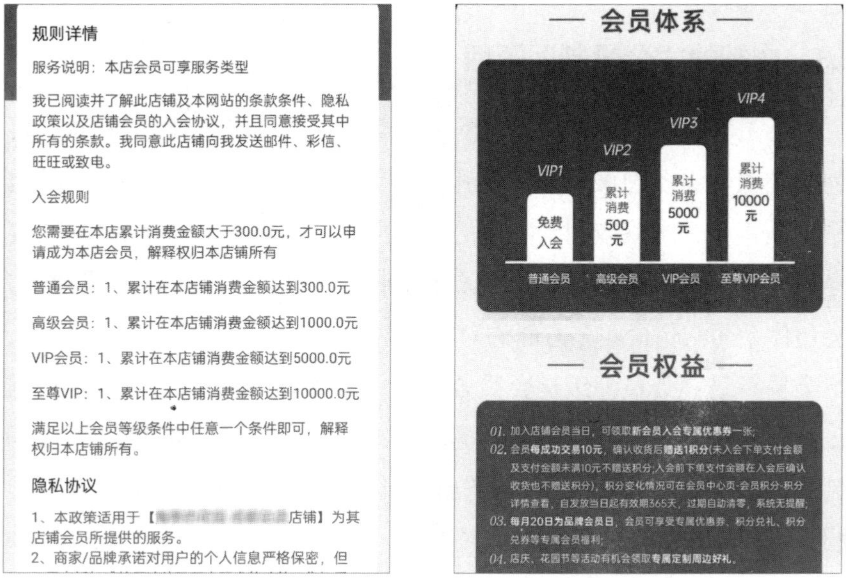

图 5-16　电商会员规则和体系示例

搭建好会员体系后，商家还需要引导客户主动加入会员，常用的策略有以下一些：

①在店铺页面展示会员入口，并通过有吸引力的入会权益引导进店客户主动加入会员，如图 5-17 所示。

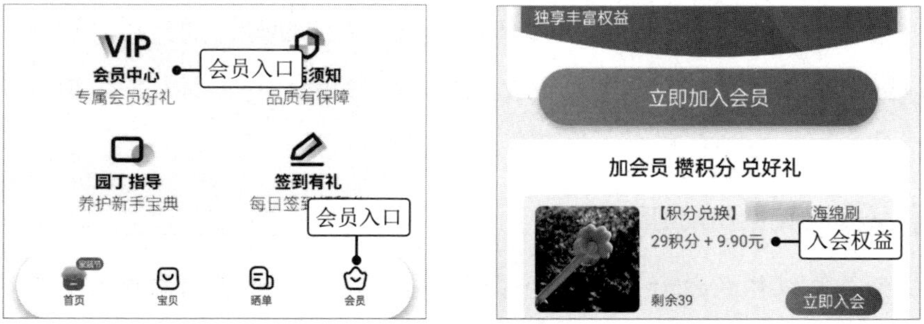

图 5-17　网店页面引导入会

②通过客服引导下单的客户或咨询的客户加入会员，比如告知进店客

户现在加入会员可享好礼；成为店铺会员可享专属权益；会员购买指定商品时可额外获得会员专属赠品，如图 5-18 所示。

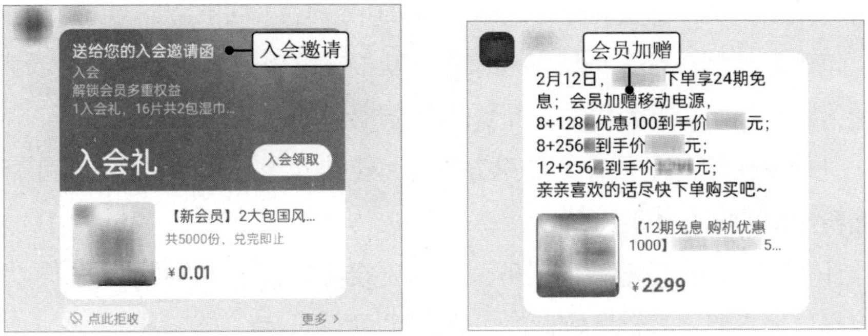

图 5-18　客服引导用户加入会员

③通过活动营销引导客户入会，比如抽奖活动、满减活动、赠品活动、优惠券活动、老带新活动等，如图 5-19 所示。

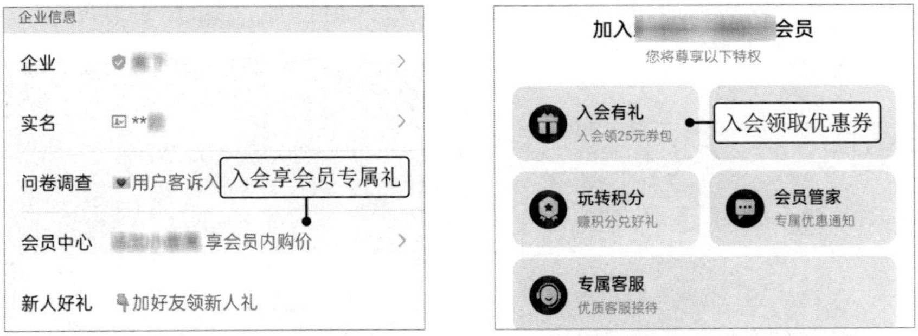

图 5-19　营销活动引导用户加入会员

5.2.4　社群促活维护忠实粉丝

社群能帮助电商有效聚集粉丝群体，为了保证社群的质量，提高社群的凝聚力和活跃度，需要为社群设计适当的入群门槛，以帮助社群引入精准用户。社群门槛的设计规则有多种，常见的社群初始门槛设定方法如下：

付费入群制：一种常见的社群管理机制，只有缴纳一定费用才能加入社群，较为适合专业培训、知识分享领域的电商。

会员入群制：在会员制的基础上加入入群机制，比如高级及以上用户才能加入社群。

产品购买制：消费满一定金额或购买指定产品后才能加入社群。

特殊邀请制：仅邀请特定对象进入社群，常用的方法是由群主或管理员邀请客户进入，或者发送入群邀请码给指定客户。

身份条件制：即只有特定身份的人才能加入社群，如只有加入了店铺直播粉丝团的用户才能入群。

任务入群制：设置入群任务，只有完成任务后才能入群，比如转发活动海报到朋友圈，将转发信息截图给管理员即可入群。

电商可根据社群目的来设计入门门槛，比如建立社群的目的是促进老客户回购，那么入群门槛就不宜过高，可以将入群门槛设计为已购客户或消费金额满 9.9 元的客户；若建立社群的目的是聚集粉丝、提供服务、促进销售，就可以设置关注店铺、店铺会员等入群门槛，如图 5-20 所示。

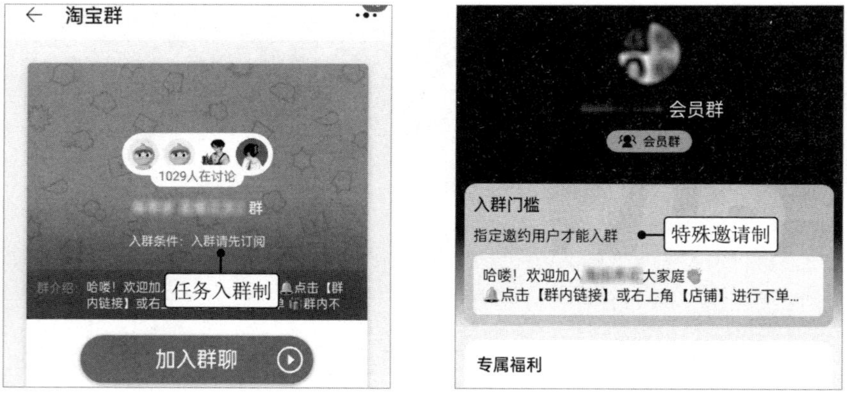

图 5-20　社群入群门槛示例

为了促进社群的良性沟通，有效减少冲突和误解，可为社群制定社群规则，通过规则来约束社群成员的行为，使社群能够保持一个有序、和谐的环境，社群规则通常可包括如下内容：

社群目的：明确社群建立的目的，以帮助社群成员了解社群的意义和作用，引导成员的行为符合社群的整体方向。

行为规范：根据社群类型制定合适的行为规范，比如禁止发小广告、禁止人身攻击、鼓励成员积极参与讨论等。

内容管理：为避免因社群成员发表不当言论导致社群被举报或封禁，应对社群内容进行管理，要求群成员互动时遵守法律法规，文明理性表达。

奖惩机制：有效的奖惩机制不仅能提高社群的活跃度和凝聚力，还能约束社群成员的行为，比如对积极互动、遵守规则的成员给予积分、优惠券等奖励；对违反规则的成员采取警告、禁言、踢出社群等惩罚措施。

随着社群的发展及外部环境的变化，也需要对社群规则进行修改，以确保社群规则满足社群管理的需求。另外，如果在运营社群的过程中发现某些规则不合理，也需要将相关规则删除。图 5-21 为电商社群规则示例。

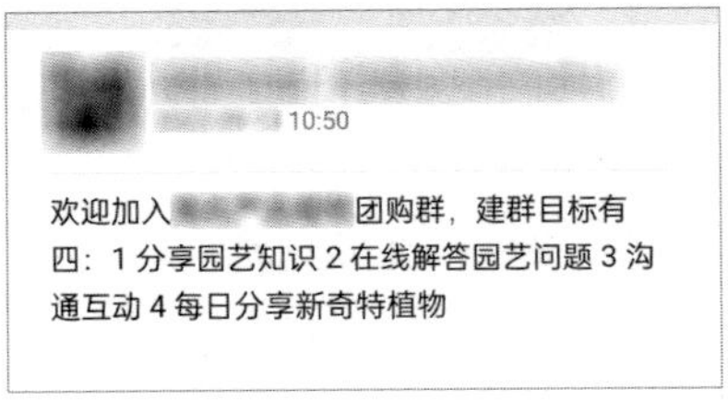

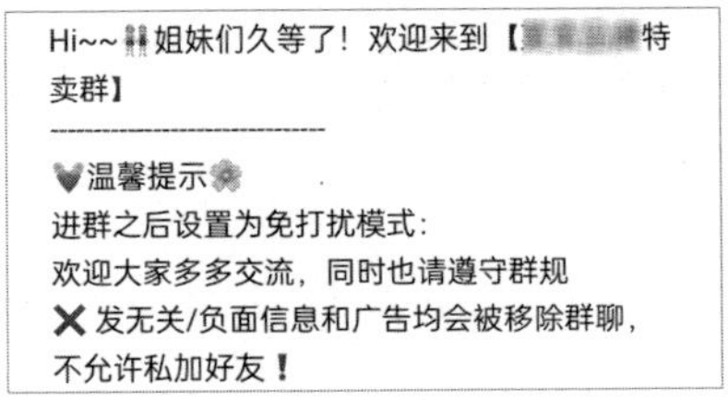

图 5-21　电商社群规则示例

社群活跃度不高是很多社群运营常见的问题，除特殊的禁言社群外，大部分电商社群都需保持互动，这样才能建立更稳固的社群关系。社群活跃度不高的原因有多种，如社群成员性格普遍较内向；社群管理过于严格；群里高频广告信息过多等。运营者可以采用以下策略来提升群内活跃度。

保证社群的价值：成员们之所以会入群是因为社群能够为他们提供相应的价值，如果社群无法持续提供这种价值，成员就会沉默或选择退群。比如“社群团购捡漏社群”，大多数成员入群都是为了获取优惠信息，为了激活成员并促进他们下单，社群运营者需要不定期分享优惠信息，并通过活动营销提升成员的下单率。

社群管理不可过于严格：社群需要管理，但这种管理也不能过于严格，过度的管理限制容易导致群成员太受约束，使得成员活跃度、参与度低。

在制定社群规则时应确保规则既能够维护社群的正常运作，又能够促进成员的积极互动，以形成良好的社群文化。

主动互动提升活跃度：社群运营者可以为社群招募一些管理者或骨干成员，给予他们一定的管理权限，鼓励他们在社群中主动发言。另外，也可以组织社群互动活动，吸引社群成员参与，比如打卡活动、会员日活动、限时抢购、群接龙等，如图 5-22 所示。

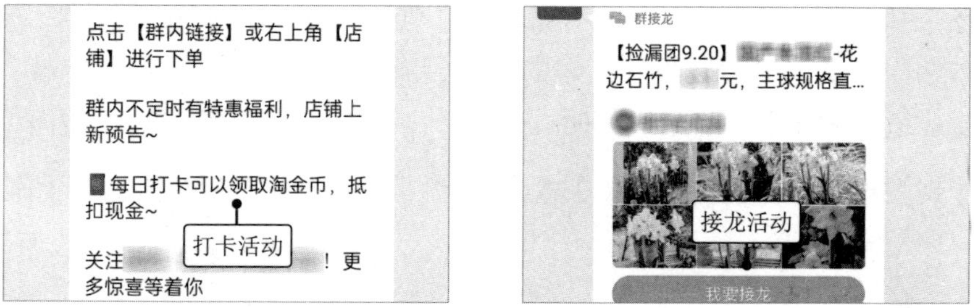

图 5-22 社群活动示例

5.3 优化售后服务提升竞争力

在电商环境中，售后服务是非常重要的，不仅会影响客户的满意度，还会影响网店的口碑。售后服务做得好，不仅能解决前期因产品、物流等问题带来的不愉快，还能将客户转化为忠实粉丝，从而提升客户的复购率。

在网络交易中，售后问题几乎是每个商家都会遇到的，因此，如何处理售后问题是商家需要明确的。在电商售后服务中，商家需充分了解平台的售后规则，并据此制定适合店铺的售后服务规范，以明确售后服务流程及标准。下面来看看常见售后问题的具体处理方式。

（1）仅退款

目前，大多数电商平台都支持消费者仅退款，仅退款服务能显著提升消费者的购物体验，但对商家来说也会增加售后成本和难度。仅退款又分为未发货仅退款、未收到货仅退款和已收到货仅退款三种情况，各自的处理方式有所不同。

未发货仅退款：这种情况下商品没有实际发出，售后客服只需在后台操作为消费者退款即可。为了提高此类售后单的处理效率，商家可设置“未发货自动同意退款”，如果未设置该功能，需要手动操作，根据大多数电商平台的规则，若商家超时处理，平台会自动同意退款。当然，为了减少订单流失，商家也可有针对性地进行挽单，比如与地址错误、数量拍错的订单客户进行沟通，了解其真实的退款原因，说服其取消退款申请或重新下单。

知识扩展　规避未发货仅退款风险

针对定制类、代购类商品，消费者在下单后，发货时间通常会比普通商品长，如果支持未发货秒退，则会增加交易风险，由此带来的损失将由商家自行承担。因此，针对此类订单，有必要与消费者说明商品的发货周期及不接受未发货仅退款服务，同时注意保留双方沟通的记录，以便发生争议时能够有效举证。还有一种情况是商品实际已发货，但是未在平台操作“发货”，导致订单仍处于未发货状态，如果消费者申请退款，同样也会带来损失，因此，针对已发货订单，商家要及时上传单号。若因为疏忽导致此种情况发生，要及时联系快递公司，尽量拦截货物，若买家已收到货，可与其协商解决方案。

未收到货仅退款：是指商家已发货，但消费者没有收到货物，因此进行了退款申请。这种情况的售后处理相对较难，如果支持退款，很容易导致“钱货”两空；若不支持退款又容易引起纠纷。那么商家要如何处理呢？针对已发货订单，建议在收到消费者的退款申请后第一时间查看物流状况，了解包裹是“在途”还是“已签收”。若为在途状态，可联系快递公司拦截，最好与消费者沟通请其拒签包裹，避免拦截失败造成损失。

若物流显示已签收，需了解商品的实际签收情况，目前大多数电商包裹都由快递员放置代收点暂存，暂存的包裹有时也会显示已签收。这种情况下同样需要与消费者沟通，请其拒签包裹，再由快递放置代收点退回货物。

如果消费者实际已收到货物，这时候就只能与其协商沟通了，了解其是否需要此商品，若需要，引导其取消退款；若不需要，则引导消费者操作“退货退款”申请，并由消费者寄回商品。当然，商家也可能遇到买家同意取消退款或退货退款，但迟迟不操作的情况。对此，售后客服可与买家二次沟通，并保留双方达成一致的沟通记录，作为争议处理的依据，同时及时在后台操作“拒绝退款”或“退货退款”，以避免错过售后处理时效。

物流异常仅退款：因物流异常导致的退款问题也时有发生，比如包裹丢失、物流停滞、包裹长时间未揽收、派件延误等。针对物流异常导致的退款，售后客服要主动联系快递公司，了解包裹的物流实际情况，然后与消费者沟通协商解决方案，比如请消费者耐心等待、告知客户包裹放到了代收点请其过去取件、拦截货物并同意退款、补发货物等。

（2）质量问题

质量问题导致的售后纠纷在电商交易中很常见，售后处理一般有四步。

①与消费者初步沟通，了解质量问题，如瑕疵问题、商品性能故障等。根据消费者的问题描述，让其提供照片或视频，以证明商品质量状况。

②根据质量问题的类型，与消费者协商解决方案，比如换货、退货退款、维修、部分退款、全额退款等。

③仓库在收到消费者退回的商品后，由专人签收并详细检查商品状况，确认商品完整性及是否影响二次销售，根据商品状况采取返厂、二次销售、维修、报废等处理方式。

④对于满足换货或退货退款条件的商品，进行换货或退款处理。若存在争议，则与消费者再次沟通，协商解决方案。售后客服在无法解决的情况下，可上报相关部门，寻求解决方案。

（3）漏发少发

若客户反馈商品漏发少发，客服首先应与消费者确认漏发的商品种类，然后请买家提供订单号，拍摄外包装和内件的图片或视频，以核实是否存在漏发或少发，若确实存在漏发少发，处理方式一般为两种。

补发商品：安抚消费者的不满情绪，与其协商补发，然后联系仓库重新打包漏发商品，并承担补发运费，商品补发后及时将物流单号告知消费者，方便其了解物流状况。

部分退款：如果消费者不愿意补发，或者漏发的商品并不影响主要商品的使用，那么也可以与消费者协商部分退款，部分退回订单金额。

实际的网上交易，也存在商品没有漏发少发而消费者坚持漏发少发的情况。针对此种情况，应核实是否是快递问题导致商品少件，比如快递包装破损、部分包裹丢失等，若是快递原因导致的商品少件，应对客户表示歉意，与其协商补发或部分退款，然后联系快递公司解决赔偿事宜。

若快递包装是完好的，且商品也是本人签收的，那么可与物流公司联系，让物流公司提供消费者本人签收的凭证，同时可将仓库发货视频、打包重量图发给消费者，作为商品并未漏发少发的证据。

（4）发错货

当消费者反馈货物发错时，可先与其核实商品是否由本人签收，然后让其提供商品图片或视频，以核实是否确实发错了。若确实发货出错，则与消费者协商解决方案，主要有四种处理方式。

补发：补发一般针对买家退货运费高过商品价格的情形，考虑到换货的成本，可主动提出直接为消费者补发商品。

换货：商家自身原因导致的发错货，换货的运费需要商家自行承担。客服需与消费者协商寄回发错的商品，待收到货物后重新发出正确的商品。

退货退款：如果消费者对商品不满意，大概率会要求退货退款，客服可与消费者友好沟通，争取让其同意其他解决方案，若消费者坚持退货退款，建议同意退货退款，避免带来更多纠纷。

退款补偿：若错发的商品价值不高，消费者也愿意留下该商品，那么也可与消费者协商给予一定的退款补偿，以维护客户关系。

有时，由于消费者网购的商品数量过多，也可能出现混淆包裹而误认为商品错发的情况。这时，客服要与消费者耐心沟通，并主动向其提供物流单号、发货视频等，以便消费者能够进行订单核对，以解决包裹混淆问题。

第6章

数字化精细运营把握消费群体

电商运营涉及对商品、订单、客户等各类数据的有效管理，数字化技术的应用让电商的运营管理更加高效，商家也能够借助数字化技术更好地了解消费群体的需求，增强客户满意度和忠诚度。

6.1　电子商务中的数字化运营

电商运营的成效如何，比较直观的就是利用各类量化数据衡量，定期通过数据分析和评估了解运营效果和用户反馈，及时发现问题并调整策略。

6.1.1　数据的收集与分析

收集数据是数字化运营的第一步，电商数据主要有两大采集渠道，一是电商平台；二是第三方数据平台。以淘宝和抖音电商为例，淘宝商家可通过生意参谋查看数据，抖音商家可通过抖音 App“数据中心”或抖音创作者中心查看短视频、直播数据。图 6-1 为在抖音 App 查看数据。

第三方数据平台能提供较为全面的数据收集功能及强大的数据处理工具，但是大多数第三方数据平台仅支持免费查阅部分数据，若要查看更多类型的数据或者导出数据，就需要付费升级版本。不同的数据平台各有优势，运营者在选择时需要注意以下三点。

数据准确性：数据的准确可靠性会直接影响运营决策，应确保平台提供的数据能够准确反映实际情况。

数据功能完整性：数字化运营离不开数据的采集和分析，在选择数据平台时，还需要考察平台提供的数据功能是否完整，比如是否同时提供数据收集、处理和分析功能。

操作的友好性：选择操作友好、易于使用的数据平台会更好，能帮助运营者更快上手。

图 6-1　抖音 App 查看数据

知识扩展　数据收集的其他渠道

除了官方后台和第三方数据平台外，还可以通过在线调查平台、社交媒体、数据报告平台、公共机构等收集数据。自行收集和整理数据前，需要明确数据需求，这可以帮助我们提高数据收集的效率，同时要注意数据的可靠性、有效性和适用性，以确保数据的质量。

除了可以利用平台提供的工具进行数据分析外，熟悉 Excel 的运营者也可导出相关数据，借助 Excel 进行分析。数据分析是从数据中提取有价值的信息，这一过程中需要运用一定的分析方法。表 6-1 为常用的数据分析方法。

表 6-1　常用的数据分析方法

分析方法	内　　容
对比分析法	也叫比较分析法，是指通过比较来揭示某方面的变化或差距，常见的对比有纵向对比和横向对比。纵向对比是指同一事物在时间维度上的对比，比如 2023 年与 2024 年的销量数据对比；横向对比是指不同事物之间的对比，比如店铺商品与竞品的销量对比
预测分析法	在数据分析过程中，常常会用到预测分析法，即基于当前的数据对未来变化趋势进行预测，比如根据过去的销售额来预测未来的销售额
分组分析法	是指将数据按照某种标准划分成不同的组别，然后进一步挖掘数据并分析，比如对社群销售额进行统计分析，可将数据分组为产品、社群人数、订单总数、销售总金额、平均客单价，以分析哪个产品在社群中的转化率更高
因果分析法	是利用事物发展变化的因果关系来进行预测的方法，比如针对抖音平台进行带货分析，上个月成交 1 000 单，但这个月仅有 10 单，这时就可以结合数据来分析订单成交量下降的原因
漏斗分析法	借鉴了“漏斗”顶部宽底部窄的概念，常用于分析用户行为，比如电商销售的主要目的是实现订单成交，但转化率却取决于整个流程，因此可以通过漏斗模型监测和分析用户行为路径，以发现转化过程中存在的问题并优化运营
指标分析法	是指运用数据指标做分析，比如电商数据分析常用的指标有支付转化率、种草成交金额、完播率、跳失率、点击率等，这些数据指标能够帮助运营者找到问题关键点

进行数据分析的过程中，常会用到各种图表工具，比如直方图、饼图、雷达图、折线图等，图表具有清晰、简练的特点，能够帮助我们更直观地进行数据的比较和分析。做电商数据分析要学会灵活运用各类图表，图 6-2 为在 Excel 中进行销量分析，通过图表可以直观地看出店铺每日销量的变化。

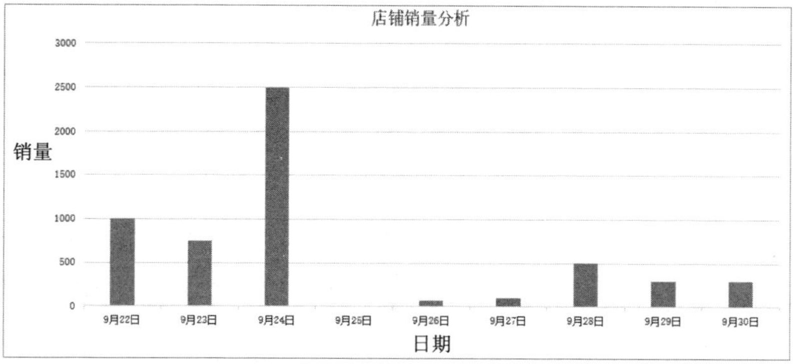

图 6-2　店铺销量分析数据图表

6.1.2　数据化洞察工具

对电商网店卖家来说，若官方提供的数据工具不能完全满足需求，那么还可以借助其他数据化洞察工具来助力分析和决策。以淘宝为例，可在服务市场购买其他工具，如图 6-3 所示。

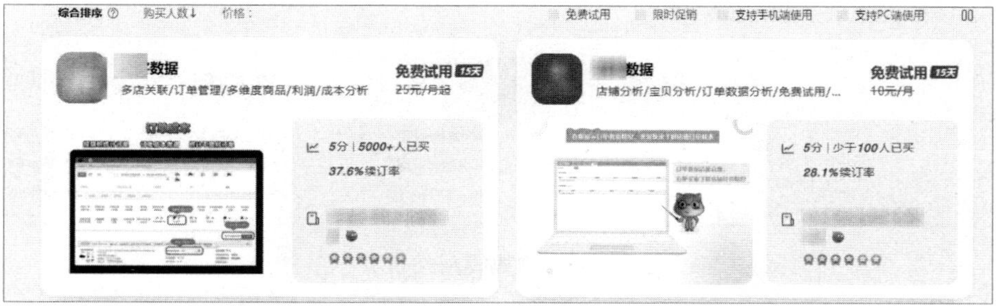

图 6-3　服务市场的其他数据工具

对短视频及直播电商来说，第三方数据平台提供的数据工具通常都能够满足需求，下面介绍部分第三方数据平台，运营者可根据个人需求选择。

1. 飞瓜数据

飞瓜数据是直播与短视频数据分析平台，提供抖音、快手、B 站等平台的数据分析，包括行业趋势预测、电商转化漏斗、品牌矩阵分析等功能。图 6-4 为飞瓜数据网站首页。

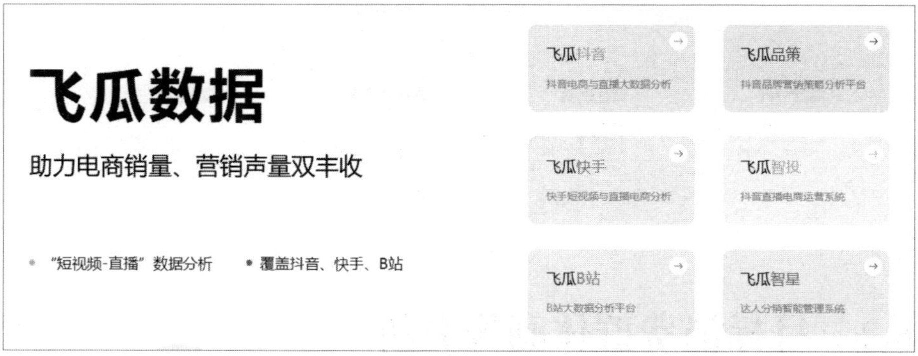

图 6-4　飞瓜数据网站首页

2. 蝉妈妈

蝉妈妈是短视频电商数据分析平台，提供品类趋势分析、商品热度分析、视频热搜分析等工具。图 6-5 为蝉妈妈网站首页。

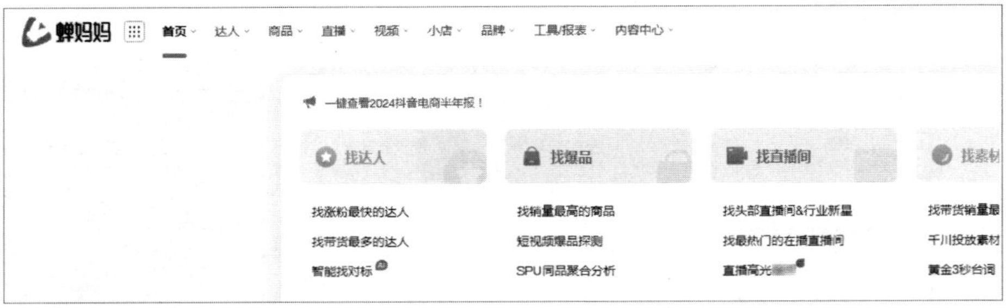

图 6-5　蝉妈妈网站首页

3. 灰豚数据

灰豚数据是短视频和各平台直播数据分析监测平台，提供抖音、小红书等平台的数据洞察分析，有直播 / 视频电商带货监控、品牌消费者画像洞察、电商行业大盘趋势预测等工具。图 6-6 为灰豚数据网站首页。

图 6-6　灰豚数据网站首页

6.2　目标消费群体画像分析

消费群体画像分析是指通过收集和分析数据，对消费者进行洞察，旨在直观地构建出一个具体的、生动的消费者形象，如图 6-7 所示。

图 6-7　消费者画像示例

6.2.1　用户画像的标签类别

用户画像分析有助于电商识别用户群体，帮助电商更好地理解用户、满足用户需求、提高市场竞争力。做用户画像的过程中，需将无法具象化的用户数据转化成能直观认识的用户标签，其中，用户标签主要分为两大类。

1. 用户属性标签

用户属性标签是指用户的年龄、省份、性别、职业、收入等信息，通常用于描述客体的静态特征。通过属性标签可以对用户的个体特征进行刻画和分类，比如年龄 30 岁、性别女、职业白领，通过这三个标签就可以构建出一个特定的用户群体，但是这三个标签对于用户群体的描述过于宽泛，因此，在实际做用户画像时需要收集更多数据，使用户画像的呈现更清晰。

2. 用户行为标签

用户行为标签关注用户的行为，比如消费行为、App 使用偏好、上网时长、搜索偏好、购物时间偏好等。由于用户行为并不会一成不变，因此，用户行为标签也会处于动态的变化中，主要用于描述客体的动态特征，比如每月消费三次以上、购买超过五家美妆品牌、短视频日均使用时长超过 60 分钟，这就属于用户行为标签。

将用户属性标签与行为标签结合起来，就可以构建出一个清晰的用户画像，通过图 6-8 可以帮助运营者更好地理解用户标签。

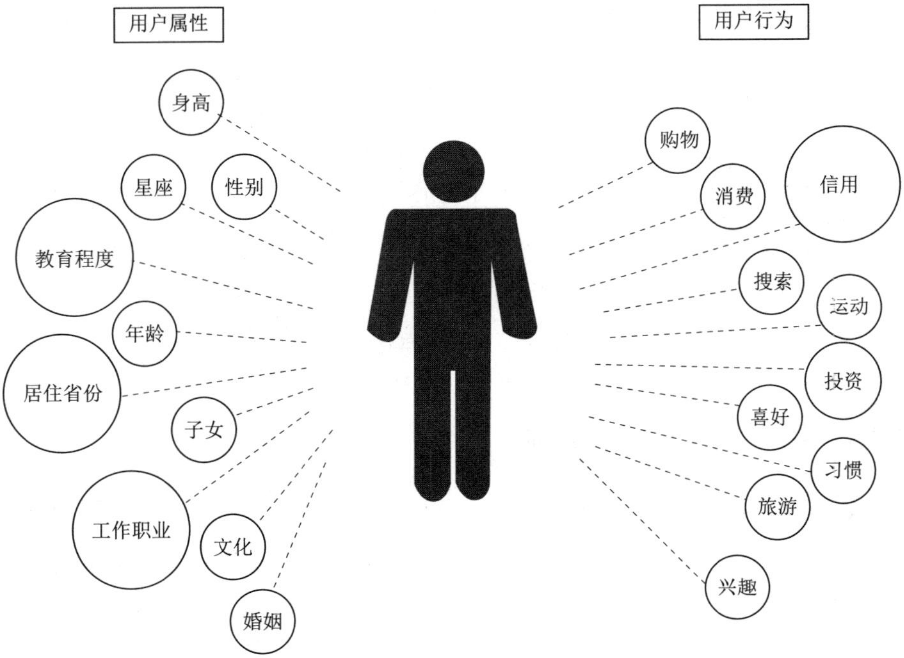

图 6-8　用户画像标签类别

6.2.2　消费者性别分析

消费者性别不同，在消费行为、兴趣偏好、产品选择等方面也会存在明显的差异，比如女性消费者往往更注重产品的情感价值；而男性消费者常常更关注产品的性能、品质和实用性。运营者要通过数据来分析用户的性别分布，从而为产品开发、营销决策提供有力支持。

实用范例　通过用户画像了解目标受众性别比例

以短视频和直播电商为例，我们可以通过用户画像数据来了解目标受众中的男女比例。

以灰豚数据抖系版为例，进入官网首页后，单击“登录 / 注册”按钮登录账号，登录成功后，在搜索文本框中输入账号名进行搜索，单击账号名称超链接，如图 6-9 所示。

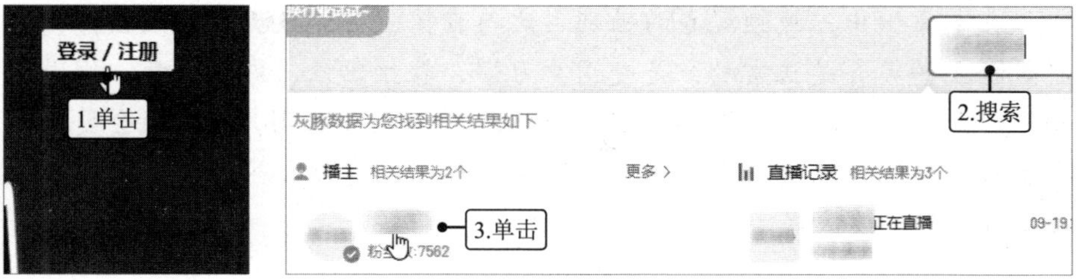

图 6-9　登录账号

进入数据概览页面，单击“粉丝分析”超链接，在打开的页面中可以查看粉丝列表画像、直播观众画像和视频观众画像，如图 6-10 所示。

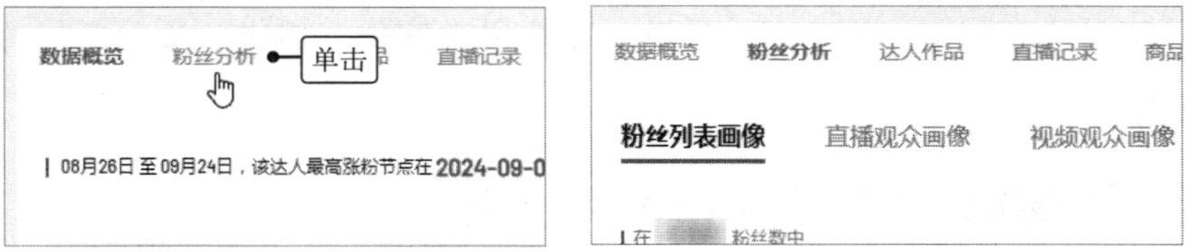

图 6-10　查看粉丝数据

分别查看粉丝、直播和视频观众性别数据，如图 6-11 所示。

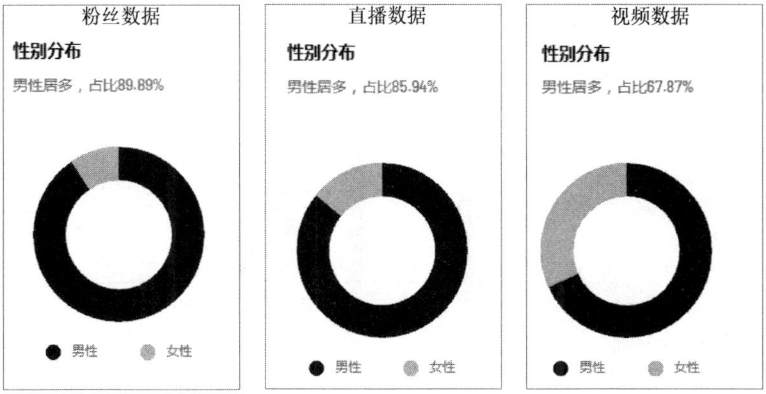

图 6-11　查看性别分布数据

粉丝数据中，男性占比为 89.89%；直播数据中，男性占比为 85.94%；视频数据中，男性占比为 67.87%。综合以上数据可以明显地看出，账号更受男性用户欢迎，在这种情况下，就可以多发布与男性消费群体相关的内容，在营销推广上也可以更注重该群体的兴趣偏好，从而提升转化率。

在本案例中，视频观众的性别占比与直播、粉丝数据有较大差异，这种数据上的差异是正常的，是受用户习惯、粉丝黏性、内容类型、推送机制等因素共同作用的结果。相比视频观众，直播与粉丝用户的黏性会更大，也更能反映账号的目标受众倾向，因此，可以以直播和粉丝数据作为用户画像分析的主要依据。

6.2.3 消费者年龄分析

研究表明，年龄对消费者的网购决策有显著影响，对消费者的年龄进行分析，可以帮助电商更精准地了解不同年龄段消费者的需求、偏好和行为特征，从而制定有效的运营策略。结合以上案例，再进一步分析目标受众的年龄。

实用范例 通过用户画像了解目标受众年龄分布

在“粉丝页面”分别查看粉丝、直播和视频观众的年龄分布数据，如图 6-12 所示。

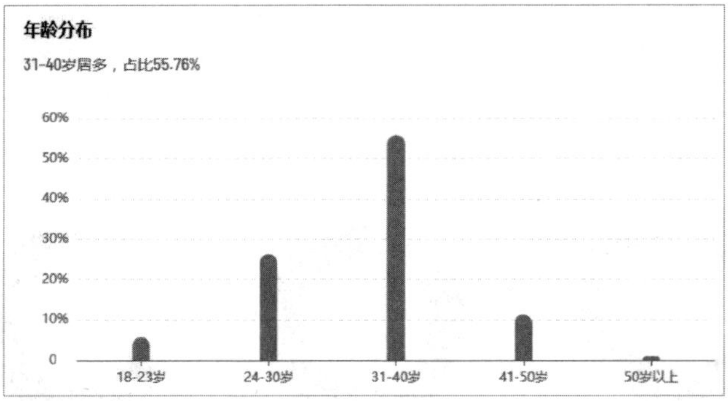

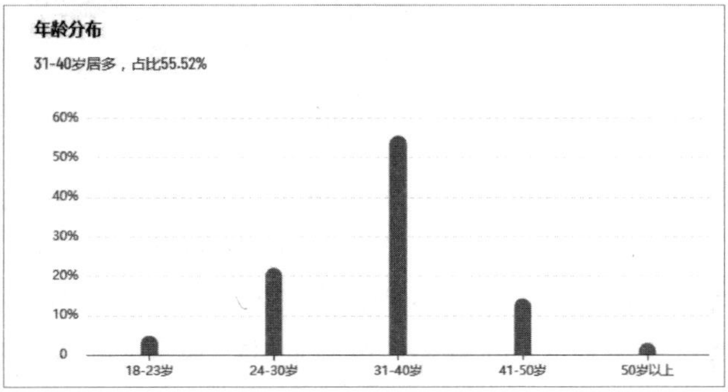

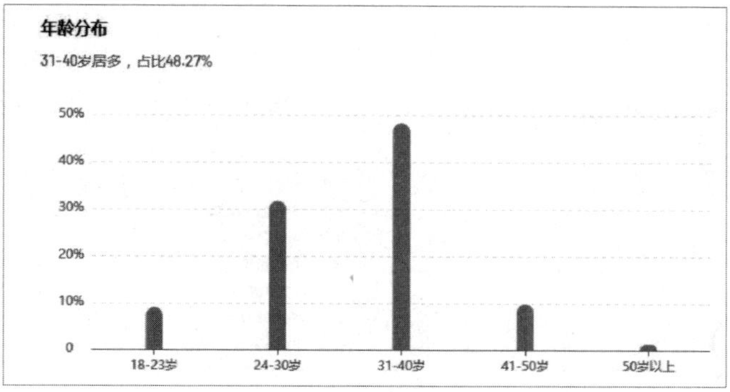

图 6-12　年龄分布数据

可以看到，粉丝、直播和视频观众都以 31~40 岁居多，此外，占比相对较高的是 24~30 岁的用户群体，50 岁以上占比最低。由此可见，在抖音平台，我们的主要目标受众是 24~40 岁的男性用户。

6.2.4　地域分布分析

分析目标受众的地域分布情况可以帮助运营者了解不同地区消费者的行为偏好，预测未来市场的变化方向，从而优化营销策略，提高市场占有率。

实用范例　通过用户画像了解目标受众地域分布

在灰豚数据的“粉丝分析”页面中，也可以查看到地域分布数据，可以帮助我们了解目标受众是否带有很强的地域属性，这里仅展示粉丝和直播观众的地域分布数据，如图 6-13 所示。

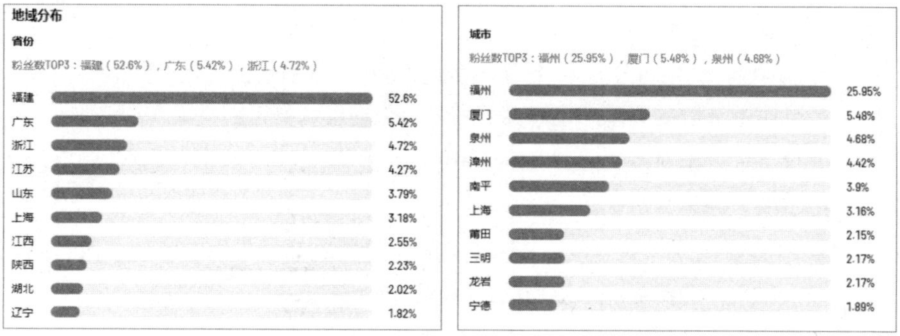

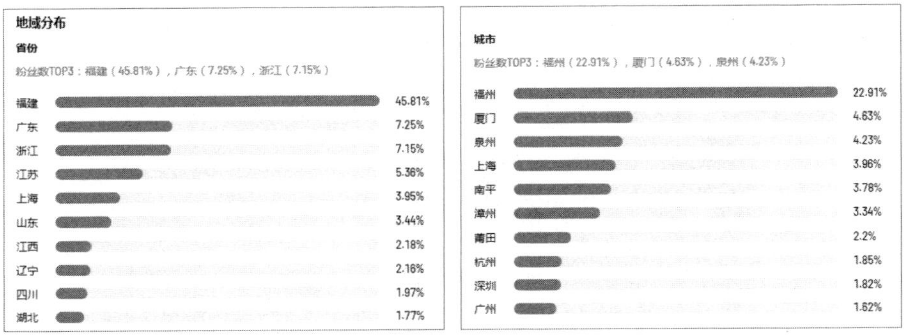

图 6-13 粉丝和直播观众的地域分布数据

从地域数据可以看出，粉丝主要分布在福建（52.6%）、广东（5.42%）和浙江（4.72%）三个省份，其中以福州、厦门、泉州三个城市居多，有很强的地域特征。店铺的主营业务是茶，而这几个地区也有浓厚的茶文化氛围。结合性别和年龄数据，就可以得出较为清晰的用户基础属性特征，即：

①主要受众为男性，占比在 80% 以上。

② 31~40 岁用户占比高，在 55% 以上，中年消费群体是主力军。

③主要分布在福建、广东和浙江，二线城市居多。

知识扩展 **什么是八大消费人群**

在第三方数据平台查看数据时，常常能看到“八大消费人群分布”这一数据，如图 6-14 所示。该数据反映市场中常见的八类消费人群，这些人群的消费习惯、购买能力、生活方式等各不相同，特点如下：

Z 世代：以“95 后”为主，消费精力旺盛，青睐网购，爱好广泛，对新奇有趣的事物充满热情。

小镇中老年：生活节奏慢，整体消费能力较低，重视性价比，注重熟人社交，容易受到周围人群的影响产生购买行为，是跟随型消费者。

小镇青年：生活在四线及以下城市，重视社交生活，消费升级趋势明显，对价格敏感，注重性价比。

都市白领：以“85 后”和“90 后”为主的白领，工作节奏快，具有较高的收入水平，消费更追求便利性，偏向于网上购物。

宝妈一族：家庭消费主力军，购买力强，身兼多职，注重生活细节，追求性价比，喜欢社交媒体和线上购物。

都市中产：具有较高的教育水平，收入高，消费能力强，注重个人健康。

新时代蓝领：收入中等，追求性价比，个人职业外空余时间较少，精打细算，注重实用消费。

银发一族：有养老生活需求，积蓄多，注重线下生活社交圈子。

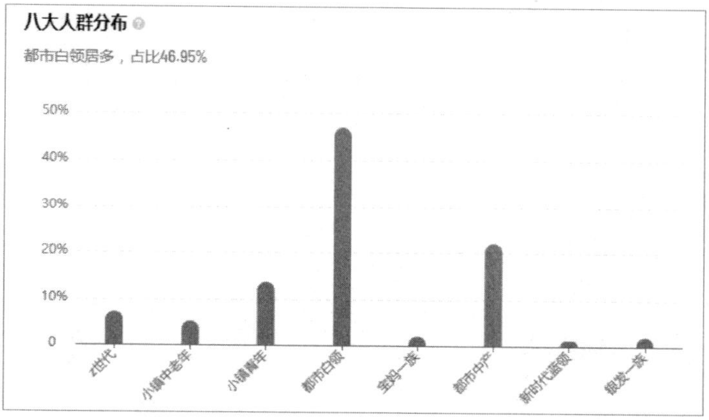

图 6-14　八大消费人群分布数据

6.2.5　行为习惯分析

行为分析是电商营销的核心，了解消费者的行为习惯有助于制定更有针对性的营销策略，运营者可以通过消费者的购买行为、消费偏好来了解其需求及行为习惯。

实用范例　分析目标受众行为习惯

在灰豚数据中查看粉丝和直播观众的成交类目分布和消费水平分布，如图 6-15 和图 6-16 所示。

从消费行为数据可以看出，成交类目中茶产品居多，其次偏爱购买男装、陶瓷、紫砂等产品，消费水平以 200~500 元居多。由此可以初步判断，店铺受众群体的消费特征是：

①品类偏好主要集中于茶、男装，以及与茶相关的产品。

②中等及以上收入水平的家庭偏多，有较强的购买能力。

若粉丝性别、年龄、地域，以及消费行为与店铺定位不匹配，那么运营者就要有针对性对内容、营销及产品做风格、类目上的调整优化。继续查看粉丝和直播观众的活跃度情况，粉丝活跃度越高，粉丝质量越好，流量往往越大，转化率也会越高，如图 6-17 所示。

从上述数据可以看出，高度活跃粉丝居多，由此可见粉丝参与度较高，这对运营来说是有利的。反之如果是低活跃度粉丝居多，运营者就需要采取一定的方法来增强粉丝的活跃度。

除以上数据外，运营者还可以结合设备分布、兴趣偏好、活跃时间分布等数据作进一步分析。

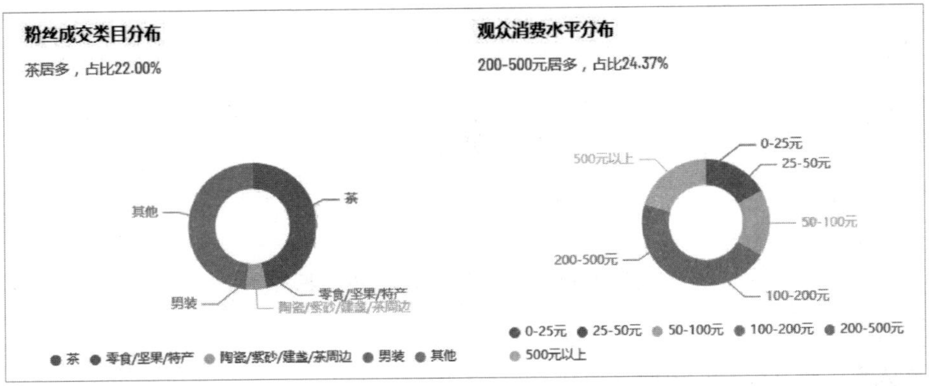

图 6-15　粉丝消费行为数据

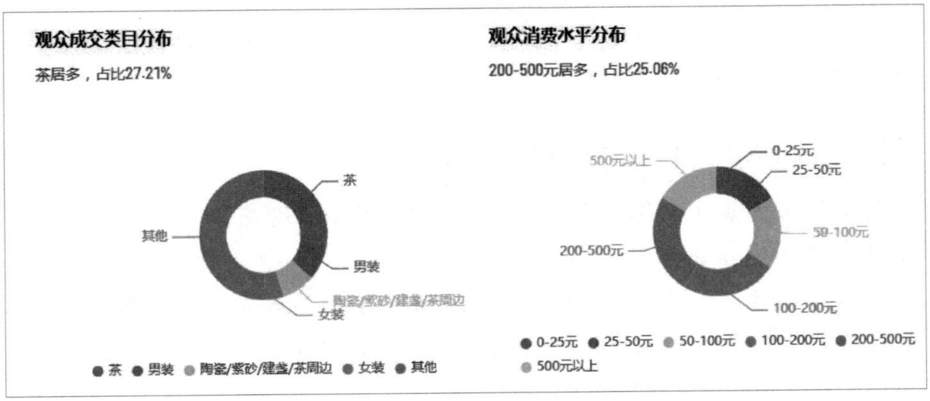

图 6-16　直播观众消费行为数据

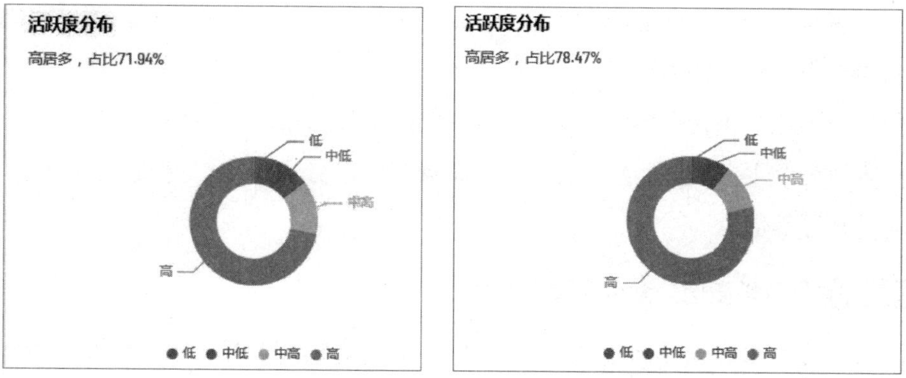

图 6-17　粉丝和直播观众活跃度数据

6.3　流量分析精准引流

流量分析在提升内容质量、优化推广策略、提高用户黏性等方面具有重要意义。在新媒体渠道，图文、视频和直播是电商带货引流的主要方式，因此，运营者也需要重视这三类数据的分析。

6.3.1　图文内容数据分析

图文是内容营销的重要载体，微信公众号、微博、小红书等都是重要的图文平台，也是大多数电商主要运营的平台。图文数据分析可以从以下数据入手：

阅读数：反映了图文的阅读次数，不同平台计算方式不同，有的平台每位用户的浏览只被计算一次，有的平台会将每次阅读都计入阅读次数，不会进行去重处理。

完成率：是衡量图文内容阅读深度的一个指标，反映了图文内容的吸引力，完成率越高，说明用户对该图文内容越感兴趣。

互动数：包括点赞、收藏、分享和评论等指标，反映了用户对内容参与度。一般来说，互动数越高，证明内容越具有吸引力。

爆文率：爆文是指获得了大量阅读和互动的图文。爆文率能够反映内容的吸引力和传播力。

不同图文平台提供的数据指标会有所不同，因此，应结合平台具体分析。在微信公众平台，运营者可以查看到阅读（次）、分享（次）、完成阅读（次）、流量来源等数据。

实用范例　分析微信公众平台图文数据

登录微信公众平台，进入“图文分析”页面即可查看到发表图文的相关数据，如图 6-18 所示。

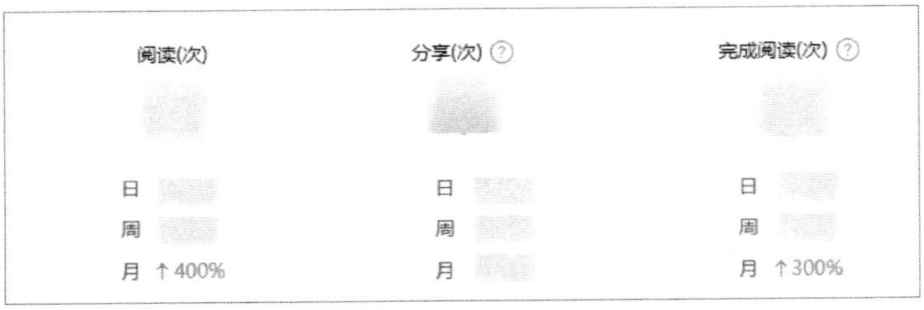

图 6-18　图文阅读数据

其中，分享（次）是指用户转发或分享到好友会话、群聊、朋友圈及点击朋友在看的次数。完成阅读（次）是指用户滑动到图文消息底部的次数。可通过阅读、分享和完成阅读的次数来评估内容的质量和影响力。

针对每一篇图文，还可以具体分析内容的受欢迎程度，了解哪些内容受欢迎，哪些内容需要改进，从而优化内容策略，如图 6-19 所示。

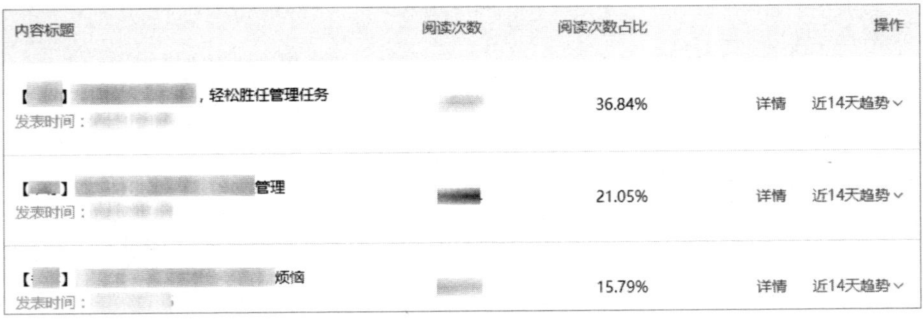

图 6-19　单篇图文阅读数据

微信公众平台也提供了流量数据供运营者分析，包括数据趋势和流量来源两个数据，通过这两个数据可以了解流量的来源和传播渠道，帮助运营者做引流和传播优化，如图 6-20 所示。

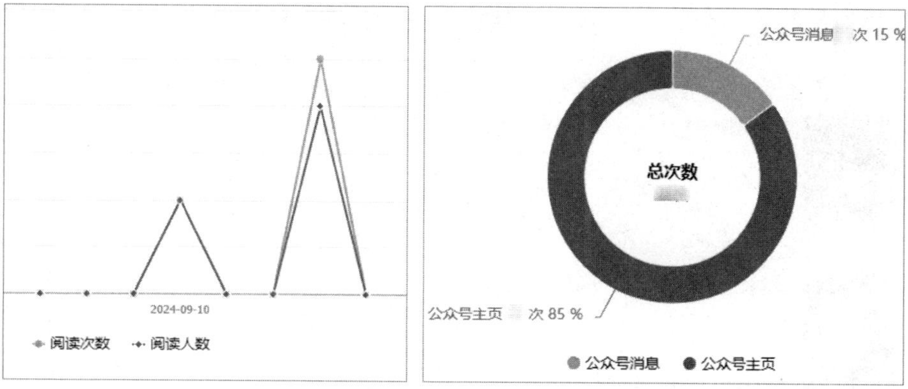

图 6-20　图文数据趋势和流量来源

下面再以小红书为例，来看看如何进行图文数据分析。

实用范例 小红书图文数据分析

这里通过新榜网查看小红书数据，在新榜网可以查看近 30 天作品表现及作品整体的数据情况，如图 6-21 所示。

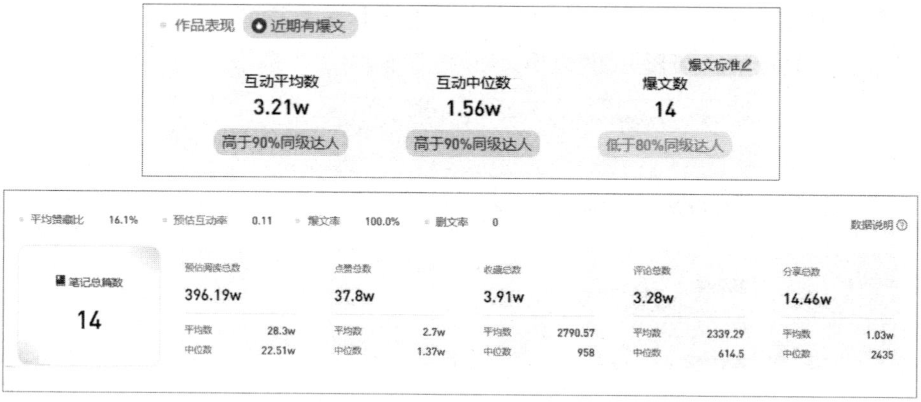

图 6-21　作品数据表现

通过作品数据可以看出，笔记的阅读数、点赞数、收藏数、评论数和分享数都高于同类达人，说明发布的笔记在小红书平台表现出色，具有较高的用户互动和参与度，这对账号运营来说是一个积极的信号，也反映了内容创作、话题选择、互动引导等方面运营策略的有效性。

进一步分析单篇笔记的具体数据，以评估内容质量和受众反馈，从而发现内容的优点和不足，图 6-22 展示了三篇笔记的数据。

图 6-22　单篇笔记数据

从图 6-22 展示的数据可以看出，部分笔记存在互动率较低的情况，而两篇互动率较低的笔记都属于“萌宠”这一类别，可能意味着此类型的内容需要调整，单击“详情”超链接，可进一步查看笔记详情。这里查看第一篇笔记的详情，如图 6-23 所示。

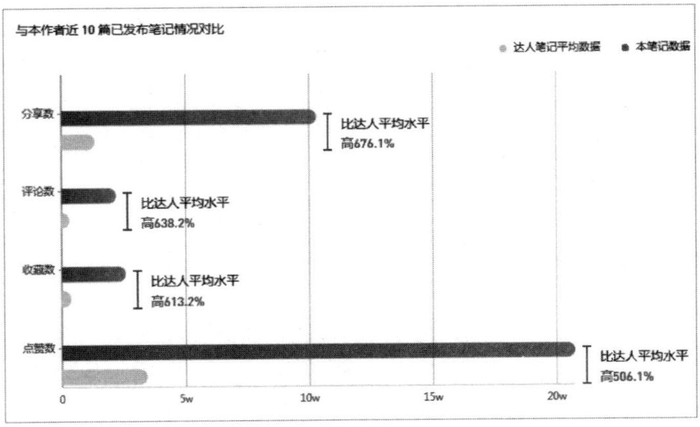

图 6-23　查看笔记详情

与近十篇已发布的笔记作对比，本篇笔记的分享数、评论数、收藏数和点赞数都高于平均水平，由此可见，这篇笔记对受众有很强的吸引力。运营者可以仔细审查笔记的内容、结构和表达方式，找到可以借鉴的地方，复制成功模板，降低试错成本。在本案例中，对已发布的笔记进行数据分析后，发现摄影摄像类更受欢迎，因此，在未来进行内容创作时，可以更多地关注此类主题。

6.3.2　短视频数据分析

短视频数据分析的主要指标有播放量、点赞数、评论数、转发数和完播率等。

播放量：是一个基础数据，指视频被观看和播放的次数，体现了视频内容的曝光量。

点赞数：是衡量内容质量的一个重要指标，通过分析点赞数据，可以了解受众对视频的认可和喜欢程度。

评论数：反映了观众对视频内容的互动程度，评论数越高，说明视频内容越能引起观众的共鸣或兴趣。

转发数：一般来说，有价值、高质量的内容才能引起观众分享。转发数是衡量视频内容价值和传播力的重要指标。

完播率：是指视频被观众完整观看的比例，反映了观众对视频的内容和质量的满意度，较低的完播率可能表明观众对视频内容不满意或不感兴趣，因此没有看完视频就退出了。

下面以抖音为例，来看看短视频数据分析的内容。

实用范例　抖音视频数据分析

在灰豚数据中进入“达人作品 / 创作分析”页面，查看近 30 天最高点赞、最高评论、最高分享的视频，了解观众对视频内容的偏好，再从视频的主题、风格、长度、字幕等多个维度进行评估，找出成功的原因，从而制作出更多受欢迎的视频，如图 6-24 所示。

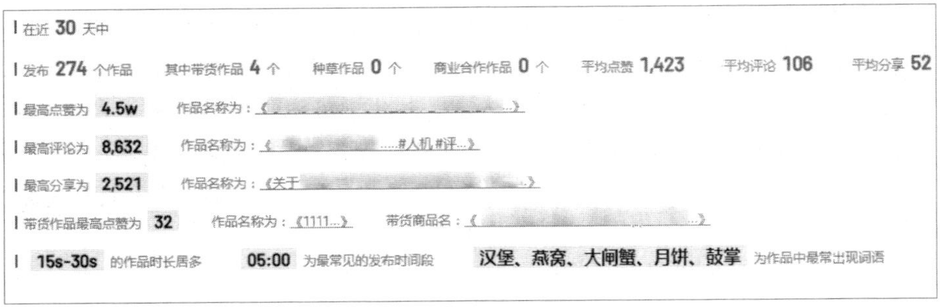

图 6-24　创作能力分析

在作品列表页查看已发布视频的点赞、评论及分享等数据，带货视频会显示销量和销售额，如图 6-25 所示。

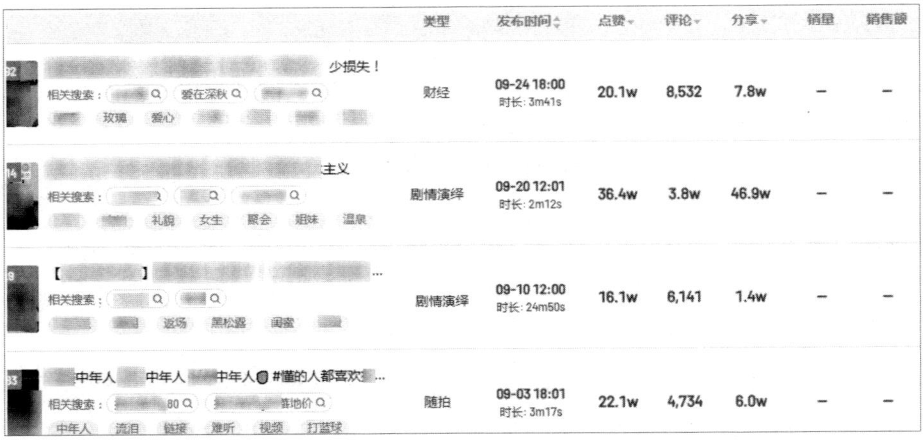

图 6-25　作品列表数据

在作品列表页可以直观地看出哪些视频受欢迎，哪些不受欢迎。针对受欢迎的热门视频，找出主题、风格、表现手法等方面的共同点，加大这类内容的创作力度；对于不受欢迎的视频，及时调整创作方向，并对内容进行改进。单击作品名称超链接可进入视频详情页，通过查看视频的数据概览、素材拆解、观众分析等要素，可以帮助运营者更深入地进行视频分析，如图 6-26 所示。

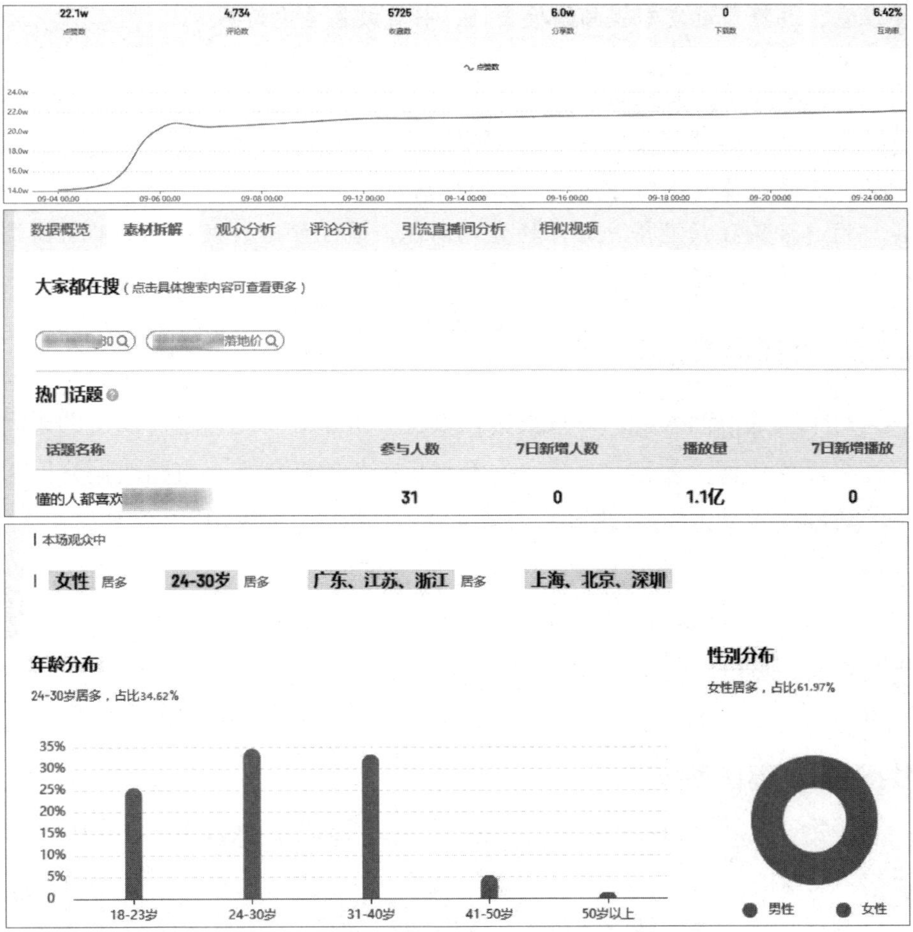

图 6-26　单条视频详细数据

数据概览页面可以查看视频的点赞数走势，以及评论数、收藏数、分享数和互动率。通过图 6-26 可以发现，点赞数在视频发布后的三天内有很明显增长，且增速较快，9 月 6 日则趋于平缓。从互动数据来看，分享数远大于评论数，可见视频内容受到了观众的喜爱和认可，也进一步说明视频质量很高且实用，观众看了以后才愿意分享出去。

“素材拆解”页面展示了视频的历史搜索词和热门话题词，那么运营者要如何利用这一数据呢？在进行内容优化时，可以将这些词作为视频标题吸引流量，还可以结合这些词进行内容创作，使视频获得更多曝光。但要注意，选择最近发布视频的搜索词，引流效果会更好。

从观众画像数据可以看出，视频观众女性居多，主要集中在24~30岁、31~40岁之间，本期视频主题为“中年人”，内容正是受众感兴趣的。由此可见，从观众的角度出发，思考他们可能感兴趣的点和内容来进行内容创作，更能获得观众的喜爱和广泛的传播。

用户评论往往是用户需求的直观体现，通过评论数据可以帮助电商找寻创作灵感，了解观众的兴趣点，为内容创作和改进提供指导。

6.3.3 直播数据分析

对于直播电商来说，对直播数据进行分析是必要的，这可以帮助运营者和主播优化直播内容和形式，提升直播带货的转化率。直播数据分析常用的数据指标有人均停留时长、观看人次、转粉率、直播销量、销售转化率、互动数等。

人均停留时长：指进入直播间的用户平均观看时长，人均停留时长是衡量直播间吸引力和质量的重要指标。

观看人次：指进入直播间的人数，反映了直播间的流量情况，通过该数据可以了解直播间的曝光情况。

转粉率：通过新增粉丝数除以观看人次来计算，该数据能够反映直播吸引新粉丝的能力。

直播销量：指主播直播带货的实际销量情况，反映了直播带货的实际销售效果和观众对产品的接受程度。

销售转化率：成交的订单数与直播观看人数之间的比例，是衡量直播间运营效果的重要指标之一，反映了将观众转化为购买者的能力。

互动数：包括弹幕数、分享数、点赞数等指标，可结合互动率来进行分析。

$$互动率 =（评论数 + 分享数 + 点赞数）\div 观看人次 \times 100\%$$

互动率反映了观众对直播内容的兴趣和参与度。

实用范例 直播记录数据分析

在灰豚数据“直播记录 / 直播列表”页面可查看直播概览、流量来源、直播流量分析、直播记录、直播时长等数据。图 6-27 为直播概览数据。

图 6-27　直播概览数据

从图 6-27 的数据可以看出，直播的场均观看人次为 1.4 万，其中场均人数峰值为 104 人，场均直播销量为 100~250 件。从直播行业整体的情况来看，直播电商在初始运营阶段，直播间的在线人数一般是 0~20 人，本直播间能够达到 100 人以上，可见直播内容对观众有一定的吸引力。

为了更好地了解直播运营的效果，运营者还可以将数据与同行业内的竞争对手进行比较，帮助判断直播间在行业中的表现如何，了解自己的优势和不足，从而优化运营。

场均千次观看成交是反映直播间带货能力的一个指标，数值越高，说明主播的流量转化能力越强。从本直播间的场均千次观看成交数据来看，与同行相比，属于中等水平，说明直播间有一定的流量转化能力，但主播仍需要提升直播质量，从而提升带货效果。

从直播流量来源数据可以看出，公域流量池推荐是主要的流量来源渠道，其次是私域的站内粉丝关注。灰豚数据中的人均点击次数是指人均点击进入直播间封面的比率，穿透率根据直播间曝光和观看进行分析，直播画面是否具有吸引力将影响观众点击率情况。本直播间的人均点击次数和穿透率并不算高，说明直播间封面对观众的吸引力一般，需要优化策略以提高观众的点击兴趣。

综合流量数据进行分析，运营者可以通过优化直播封面、标题和画面来提升直播间点击率，同时提升直播内容质量，提供有价值的互动来增加观众的停留时间和互动率，从而增强平台的公域流量推荐。针对私域领域，可通过固定直播时间培养粉丝的看播习惯，短视频引流等方式积累更多粉丝，以此提升私域流量。

下面来看看“直播记录”数据，通过直播记录可以查看每一场直播的观看人次、总商品数、直播销量等数据，如图 6-28 所示。

	观看人次	人数峰值	总商品数	直播销量	直播销售额	穿透率	操作
月末冲销量一件都是经销价 热卖类目： 开播时间：2024/09/26 06:49 直播时长：3h25m24s	1.7w	140	57	100-250	1w-2.5w	–	
新品上新中～ 热卖类目： 开播时间：2024/09/25 22:30 直播时长：2h40m41s	1.5w	92	32	100-250	7500-1w	–	
新品上新中～ 热卖类目： 开播时间：2024/09/25 18:50 直播时长：3h0m56s	1.1w	97	35	75-100	2500-5000	–	
新品上新中～ 热卖类目： 开播时间：2024/09/25 15:30	7453	73	36	50-75	2500-5000	–	

图 6-28　直播记录数据

单击单场直播记录可以进入直播详情页面，对单场直播效果进行深入分析，从而了解消费者的购买意愿及产品喜好，找到直播的不足，逐步调整直播策略，提高直播效果和带货转化。这里查看“月末冲销量一件都是经销价”直播的详细数据。

在单场直播详情页面，可以查看流量层级、成交层级和留存能力数据，可以选择对比上一场直播或流量层级平均情况，如图 6-29 所示。

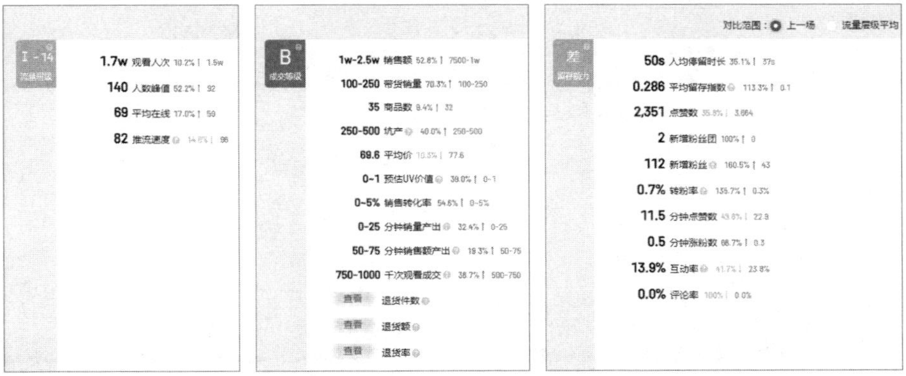

图 6-29　单场直播数据

灰豚数据根据直播间平均在线将流量层级分为 90 个等级、六个层级，其中 1~20 为第Ⅰ层级；21~40 为第Ⅱ层级；41~55 为第Ⅲ层级；56~70 为第Ⅳ层级；71~80 为第Ⅴ层级；81~90 为第Ⅵ层级，层级和等级代表直播间获得流量的多少，越高代表获得流量越多。

成交等级根据直播间成交数据共分为十个等级，其中 0~20% 为 H 级、20%~40% 为 G 级、40%~50% 为 F 级、50%~60% 为 E 级、60%~70% 为 D 级、70%~80% 为 C 级、80%~90% 为 B 级、90%~95% 为 A 级、95%~99% 为 S 级、99% 以上为 S+ 级，成交等级越高代表直播间销售数据越好，S+ 级直播间成交能力最强。

留存能力根据留存指数分为十个等级，其中 <0.2 为极差、0.2~0.3 为差、0.3~0.4 为较差、0.4~0.5 为一般、0.5~0.7 为普通、0.7~0.9 为中等、0.9~1.2 为较好、1.2~1.5 为良好、1.5~2 为优秀、≥ 2 为极好。留存指数越高表示留存能力越强，留存能力决定直播间能否获得进入下一流量池的资格，超过正常范围时，留存能力无法判断并显示为“异常”。

从图 6-29 的数据可以看出，本场直播流量层级属于第Ⅰ层级，流量相对较少；成交能力强，说明这场直播的营销策略是有效的；用户留存能力较差，需要采取有效的方法来提高留存率。

在单场直播详细页面，还可以查看留存分析、商品分析等数据，其中留存分析可以帮助了解直播间的流量结构、成交情况和互动情况，可以根据需要选取不同的指标。商品分析可以帮助分析直播转化，以及消费者的需求和购买行为，如图 6-30 所示。

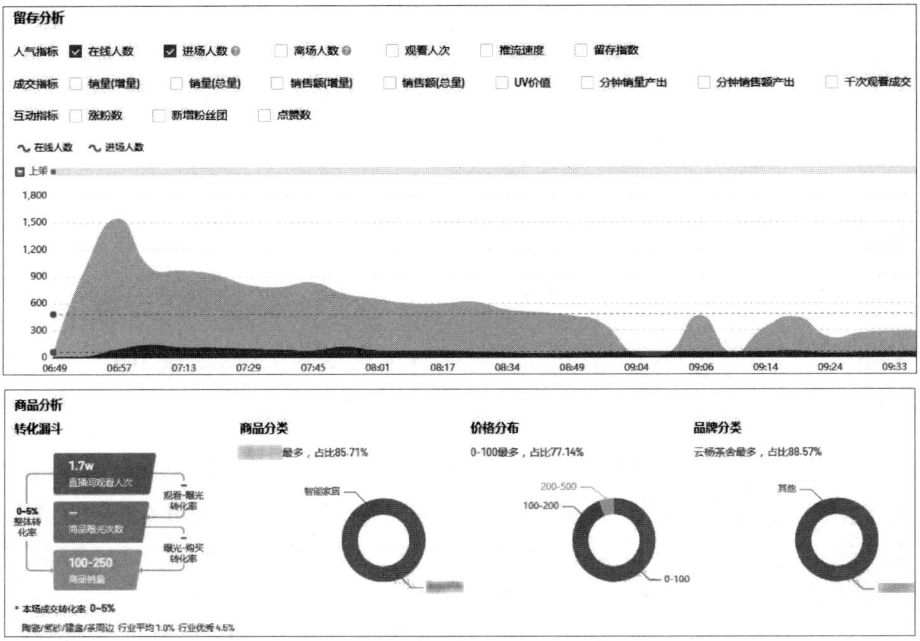

图 6-30　留存分析和商品分析数据

一般来说，自然流直播间在开播后不久进场人数会有显著增加，在流量波形趋势图中显示为形成一个波峰，比如本场直播的趋势图情况。如果期间进行了流量推广，那么在直播中段还可能形成多个较高的波峰，以显示付费流量介入的结果，这是一种判断自然流和付费直播间的简单方法。

第7章

用数据化运营助力商品销售

电商数据化运营的意义在于通过收集和分析数据，可以实时洞察市场趋势，帮助店铺优化产品和服务，提升客户满意度。另外，数据化运营还可以帮助电商实现更高效的营销，预测和应对潜在风险。

7.1　市场行情数据分析

电商行业在飞速发展的过程中，市场环境也变得愈发复杂。电商商家不仅要洞察市场变化，还要不断适应新的市场发展态势，这样才能保持竞争力。数据分析就可以帮助电商实时洞察市场动态，及时跟随市场调整运营策略。

7.1.1　行业数据把握行情趋势

行业数据能帮助电商对行业现状及未来趋势进行预测，但行业分析要求分析人员具备较高的专业性。对于大多数电商来说，可以借助行业分析报告来提升对行业的认知，了解行业的发展情况和趋势。以家居行业为例，可以通过“2024 家居行业趋势报告”了解 2024 年线上家居的消费趋势，报告指出线上渠道对家居行业的影响力不断扩大，短视频平台与电商 App 成为获取家居信息的两大核心渠道，且短视频平台对家居消费的影响力不容小觑，与传统电商平台的选择倾向已开始持平，图 7-1 为部分内容。

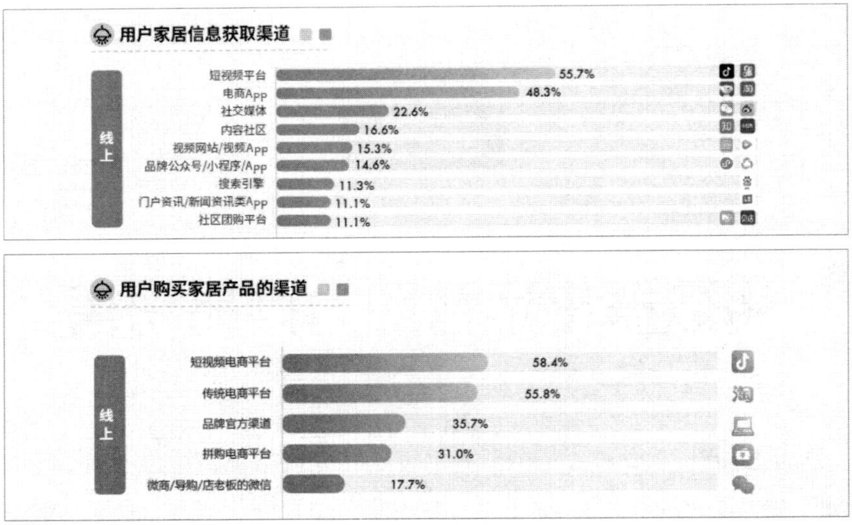

图 7-1　2024 家居行业趋势报告部分内容

在查阅行业报告时，应优先考虑权威机构的报告，专业机构更能提供深入的行业分析和预测，报告的准确性和可靠性也更高。

部分第三方数据平台也会提供行业报告，以灰豚数据为例，可以在“行业报告”页面查看相关报告。

实用范例 在第三方数据平台查看行业报告

登录灰豚数据后，单击“行业 / 行业报告”超链接，选择需要查看的报告，如图 7-2 所示。

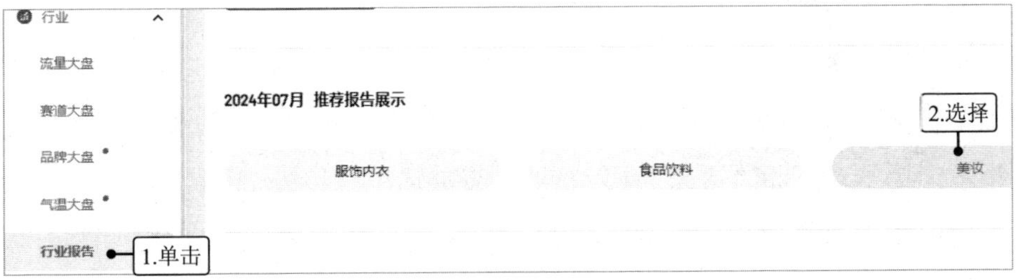

图 7-2　打开行业报告页面

在打开的页面中即可查看报告周期内的相关数据，包括基础销售数据、

行业销售额 / 销量趋势、同级增长行业等，如图 7-3 所示。

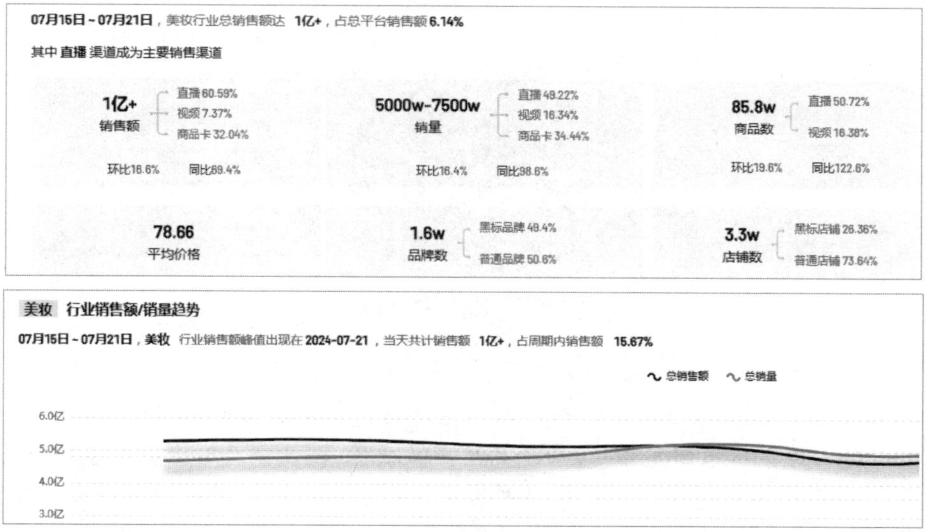

图 7-3　美妆行业报告部分内容

7.1.2　行业市场赛道分析

每个行业都有不同的赛道，对电商来说，选择正确的赛道至关重要。如果某个赛道市场规模小、竞争激烈、潜力有限，那么在进入后可能难以获得竞争优势，实现长期稳定的发展也比较困难。因此，了解市场需求，选择一个具有增长潜力和竞争优势的赛道非常重要。灰豚数据提供的“赛道大盘”就是可以帮助运营者快速了解并选择赛道的实用工具。

实用范例　抖音女装赛道数据分析

进入“行业赛道”页面，设置类目、赛道分布、周期等，如图 7-4 所示。

从赛道分布情况来看，短外套和毛针织衫的环比涨幅突出，分别为 62.3% 和 60.1%，裤子的 GMV（商品交易总额）表现亮眼，为 1 亿 +，GMV 占比为 16.9%。这里选取的是 8 月 26 日~9 月 24 日的数据，此时正处于夏秋季节更替的时间段，连衣裙、T 恤、衬衫等夏季女装将不再适应消费者的需求，销量会呈下降趋势，这一点从赛道分布数据中也可以看出。相反，应季的秋装将迎来销售旺季。

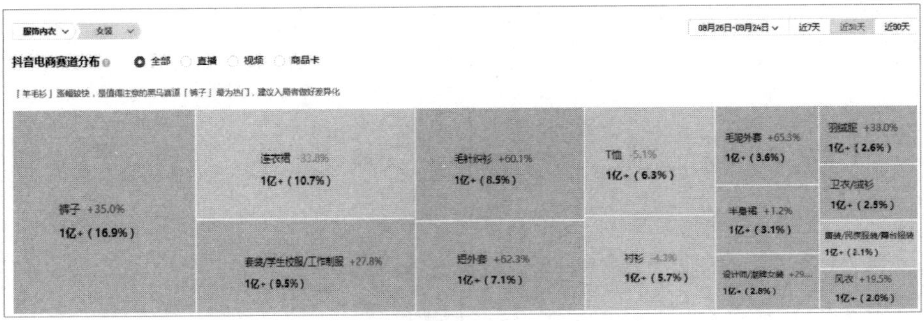

图 7-4　女装赛道分布数据

赛道的指标数据也提醒我们，夏季女装已过销售高峰期，需要根据消费者换季的需求进行销售调整。为避免产品积压，还需要采取清仓销售、打折降价等策略来回笼资金，为新品生产做准备，以便能及时上架应季新品。

除赛道分布数据外，还可以查看市场红蓝海、价格带数据等，可以结合这些数据调整和优化营销、价格等策略，如图 7-5 所示。

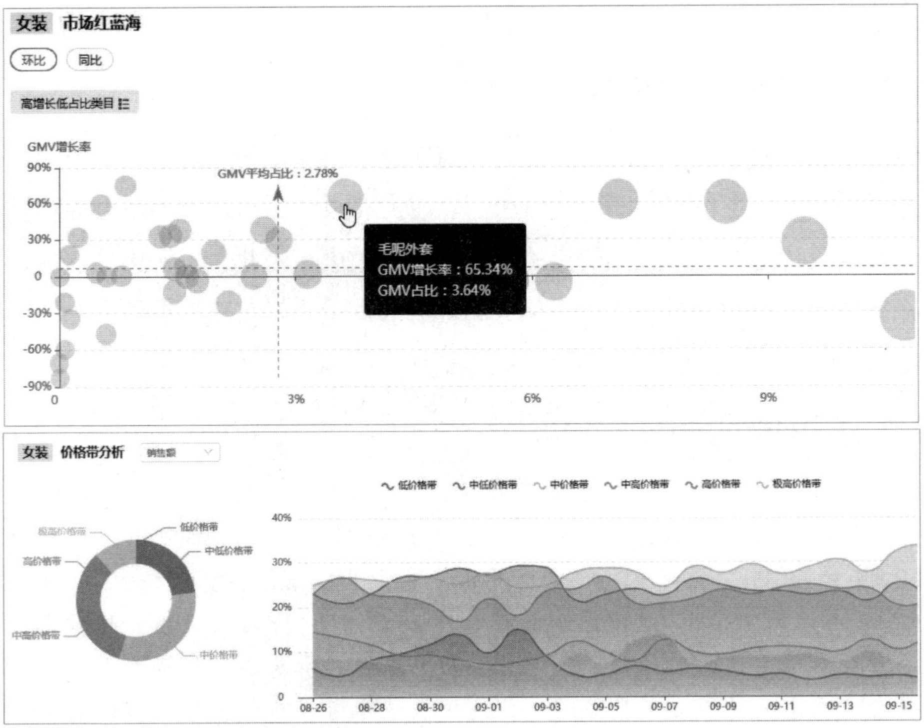

图 7-5　赛道大盘数据

7.1.3　行业流量大盘分析

对于电商来说，流量具有极其重要的价值，拥有大量的流量意味着有更多的机会将访问者转化为购买者。不少数据平台都提供了行业流量大盘数据，灰豚数据中“流量大盘”为直播流量数据，包括带货黑马、推流大盘和留存大盘三大板块。

实用范例　从流量大盘数据中找出黑马直播间

进入“行业 / 流量大盘”页面，流量数据以热力图形式呈现，以“带货黑马”为例，颜色越蓝（深色）表示直播间数量越多，颜色越绿（浅色）表示直播间数量越少，将鼠标光标放在格子上可查看具体的数据，如图 7-6 所示。

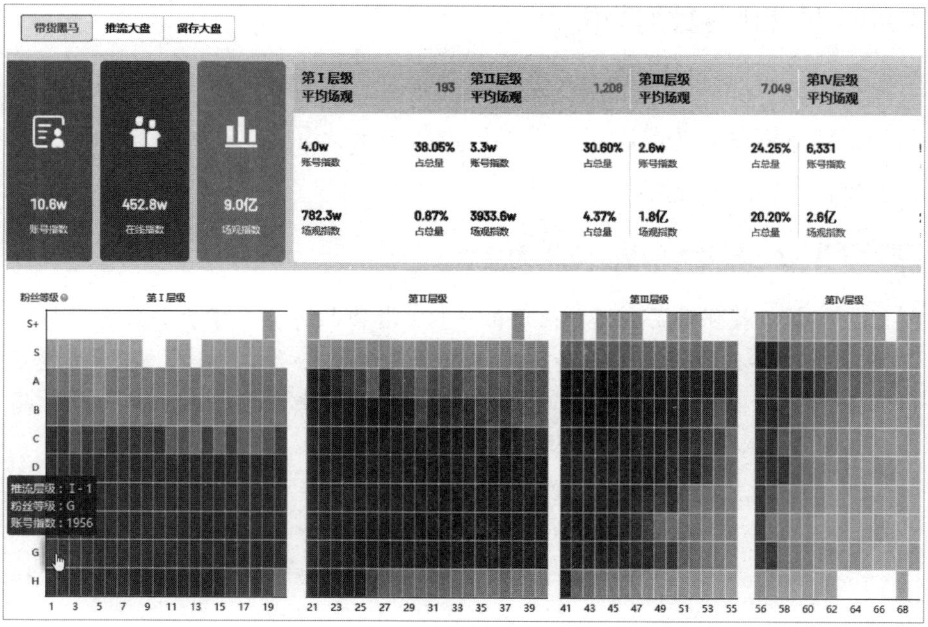

图 7-6　“带货黑马”热力图数据

带货黑马大盘由实时带货直播间组成，y 轴为开播粉丝等级，x 轴为推流层级，粉丝等级即粉丝数，分为十个等级，粉丝等级越高代表开播粉丝数越高，S+ 等级开播粉丝数最高、H 等级开播粉丝数最低。推流层级代表直播间流量进入速度，单位为每分钟进入直播间人数，推流速度越快，推流层级数字越大。

单击单个格子可以查看该区域的示例直播间，通过该功能可以筛选出黑马直播间、与我们店铺流量对标的直播间及低流量高留存的直播间进行学习，如图 7-7 所示。

图 7-7　查看“带货黑马”直播间信息

7.1.4　品牌排行数据分析

通过分析品牌排行数据可以了解行业内哪些品牌表现突出，哪些品牌备受消费者青睐，为品牌运营提供借鉴和启示。下面以灰豚数据为例，来看看抖音平台内的品牌排行数据。

实用范例　找出行业内的热门和潜力品牌

灰豚数据提供了品牌库、热门品牌榜、潜力品牌榜和增长品牌榜数据。品牌库可以按品牌分类、销量、销售额等条件进行品牌筛选，这一功能可以帮助筛选竞争品牌。这里我们重点查看品牌榜单数据。图 7-8 为鞋靴箱包品类热门品牌月榜数据。

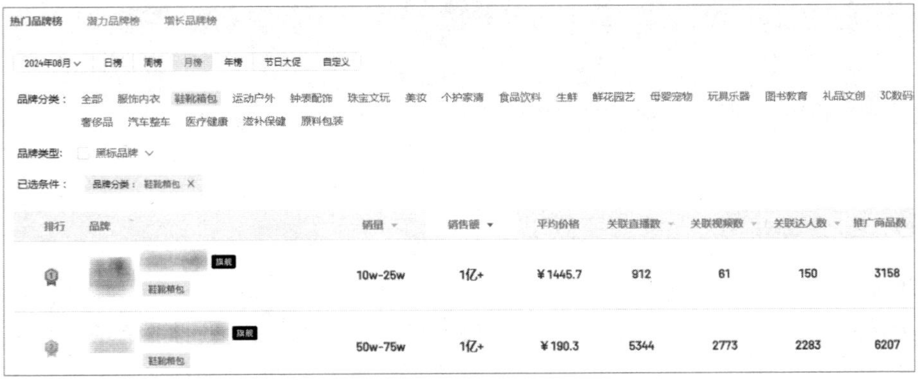

图 7-8　鞋靴箱包热门品牌月榜数据

从图 7-8 可以看出销售额排在前面的都是旗舰店。潜力品牌榜单则统计上一周期内不存在数据的潜力新品牌，这些品牌的知名度可能没有旗舰店高，但在未来可能会成为不可小觑的竞争对手。如果店铺在抖音平台也是新品牌，那么就需要格外关注这个榜单，如图 7-9 所示。

排行	品牌	销量	销售额	平均价格	关联直播数	关联视频数	关联达人数	推广商品数
1	鞋靴箱包	7500-1w	250w-500w	¥275.81	55	7	20	5
2	鞋靴箱包	1000-2500	75w-100w	¥585.22	9	0	5	6
3	鞋靴箱包	2500-5000	75w-100w	¥181.49	16	3	1	1
04	鞋靴箱包	2500-5000	50w-75w	¥160.05	13	27	24	4

图 7-9　鞋靴箱包潜力品牌月榜数据

增长品牌榜展示统计周期内对应品类销售额、销量等的增长数据，可以用于发现在营销力、市场力和品牌力方面增长能力较强的品牌，这些品牌可能成为我们学习借鉴的对象，如图 7-10 所示。

排行	品牌	销售额	销售额环比	销售额同比	品类市场占比	销量	推广商品数	平均价格
1	鞋靴箱包	100w-250w	+99.96%	–	0.02%	1w-2.5w	7	¥209.4
2	鞋靴箱包	5w-7.5w	+99.94%	+77.22%	0	2500-5000	2	¥25.38
3	旗舰 鞋靴箱包	100w-250w	+99.92%	+91.04%	0.03%	2500-5000	11	¥377
04		25w-50w	+99.92%	–	0.01%	750-1000	2	¥403.64

图 7-10　鞋靴箱包增长品牌月榜数据

7.2　竞争对手数据分析

竞争对手分析是电商运营规划中的重要一环，通过分析竞争对手，可以更好地洞察市场动态，制定有效的竞争策略，提升市场竞争力。

7.2.1 竞争对手对比分析

竞争对手分析旨在评估竞争对手的优势、劣势，以及他们的产品、定位、渠道和价格策略等。为提升竞争对手分析的效率，运营者可以借助数据平台提供的对比功能，以灰豚数据抖系版为例，可以对比抖音号、品牌和直播间，下面来看看如何操作。

实用范例 店铺抖音号对比分析

打开灰豚数据“达人 / 达人对比”页面，添加店铺账号及竞争对手的账号加入对比，如图 7-11 所示。

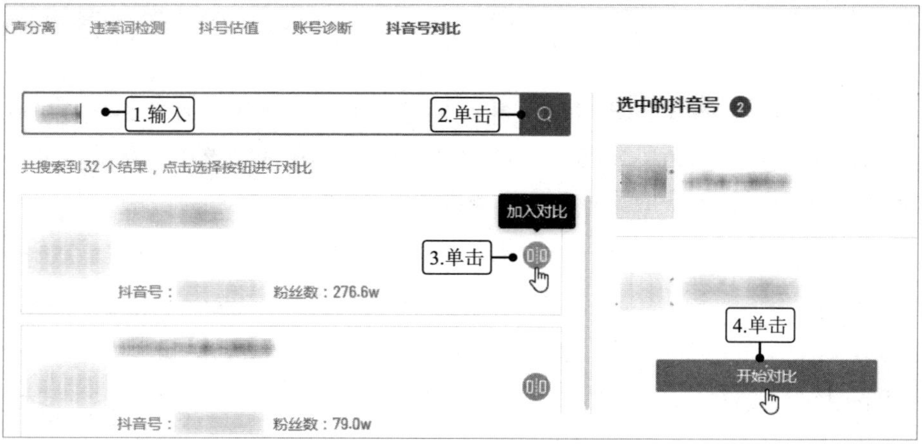

图 7-11 抖音号对比

打开的页面中会显示对比历史，单击对比历史即可对比结果。抖音号的对比数据有数据概览、粉丝增量、作品数据、观众画像和直播数据等，图 7-12 为数据概览。

本案例中，前者为店铺号，后者为竞争对手账号。数据概览提供总粉丝数、总获赞数、赞粉比等数据，其中总粉丝数反映了账号或品牌在抖音上的影响力和受欢迎程度，可以看到本店的粉丝数大于竞争对手，表明品牌在抖音平台有着广泛的影响力和认可度，但总获赞数和赞粉比却较竞争对手更低，说明内容质量和受欢迎程度可能不及竞争对手，需要进一步分析，以确定是否需要调整内容运营策略。

达人对比

达人	ID：	ID：
分类	美妆	美妆
行业周榜单	美妆指数榜周榜第12名	美妆指数榜周榜第9名

数据概览

总粉丝数	356.8w	276.6w
总获赞数	369.5w	687.5w
赞粉比	103.6%	248.5%
灰豚指数	530.57	533.79
带货比例	12.1%	5.6%
推广比例	0	0

图 7-12　数据概览

下面来看粉丝增量数据，如图 7-13 所示。

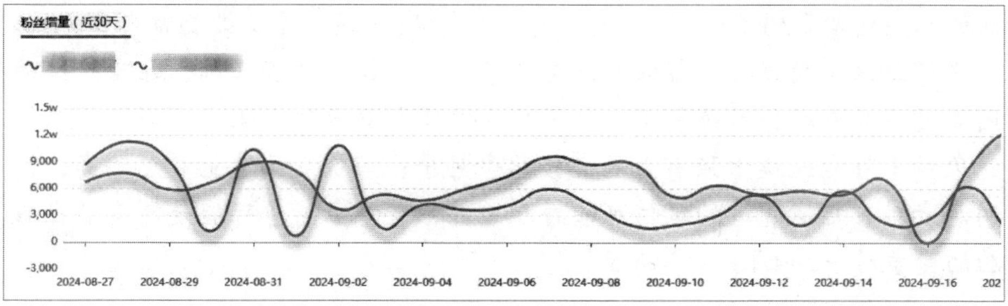

图 7-13　粉丝增量对比数据

近 30 天，本店和竞争对手粉丝增量都存在波动，但增量曲线都在 0 轴上方，说明总体的粉丝量在增长。从波幅来看，本店的粉丝增量更稳定，说明本店具备持续吸引新粉丝的能力。继续来看作品数据，如图 7-14 所示。

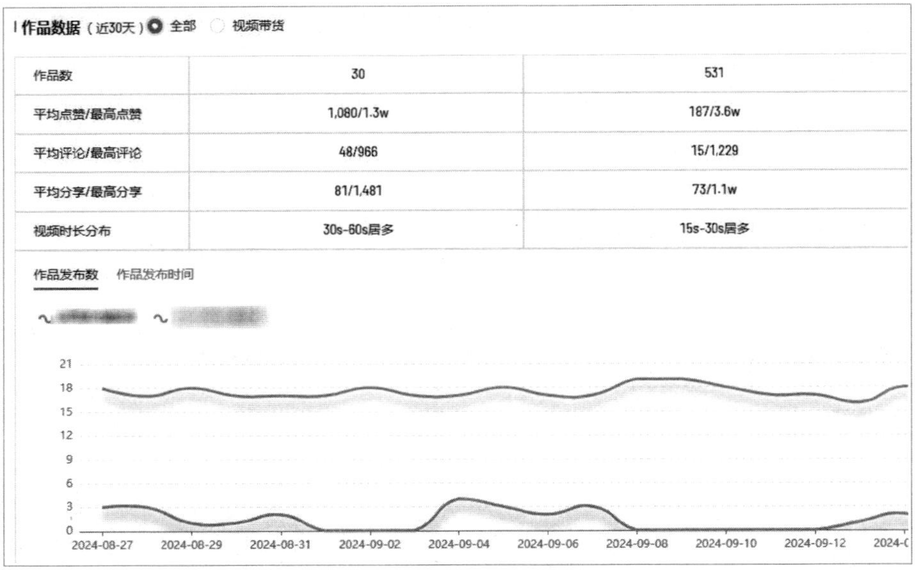

图 7-14　作品数据对比

竞争对手发布的作品数远大于本店，这是其总获赞必高于我们的主要原因，从最高点赞、最高评论和最高分享等数据来看，本店与竞争对手的数据分别是 1.3 w 比 3.6 w，966 比 1 229 和 1 481 比 1.1 w，说明竞争对手近 30 天发布的内容中有较为热门的作品，单条作品可能成为了爆款。从平均点赞、平均评论和平均分享来看，本店数据略高，从侧面可以反映出本店的作品还是受到了认可，但该数据不算亮眼，可见还是有必要做内容优化。

观众画像数据可以帮助判断对竞争对手的识别是否正确，在生产经营同品类产品或服务的条件下，如果观众画像与竞争对手重叠度高，那么该竞争对手可能就属于强有力的直接竞争对手；若观众画像重叠度不高，说明两者对目标消费者的定位可能存在差异，该竞争对手可能是具有潜在威胁的竞争对手，如图 7-15 所示。

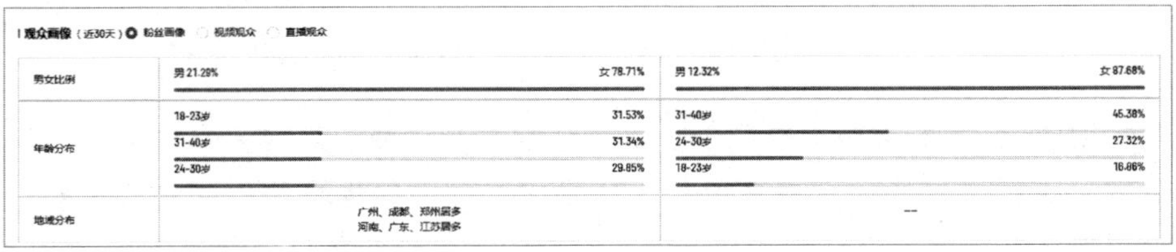

图 7-15　观众画像数据对比

从图 7-15 的数据可以看出，本店与竞争对手的主要受众都属于 18~40 岁的女性。如果店铺在抖音的主要营销带货方式是直播，那么直播数据也是需要进行分析的，如图 7-16 所示。

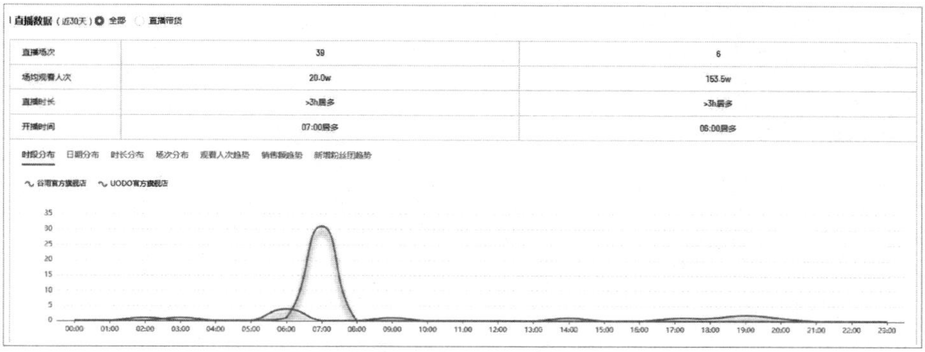

图 7-16　直播数据对比

运营者可以对比直播的时段分布、日期分布、时长分布、场次分布、观看人次趋势、销售额趋势和新增粉丝团趋势。从图 7-16 可以看出，本店与竞争对手的直播时长、开播时间基本一致，本店的直播场次更多，但场均观看人次不及竞争对手，其原因可能有以下三点：

①直播推广不够，导致进入直播间的人数较少。

②直播间的互动不够，观众感受不到参与感，导致人气不高。

③直播内容不够吸引人，导致直播间人气低。

针对直播运营可能存在的不足，运营者可以进一步进行单场直播数据的对比分析，具体可使用灰豚数据的直播间对比功能。

7.2.2　找到本品与竞品的差异

竞品分析是对现有或潜在竞争对手的产品进行分析，找到竞品或自有产品的优势与不足，以便在市场上取得更好的竞争地位。竞品分析的第一步是找准竞品，运营者可以借助数据平台的商品榜单找竞品。

实用范例　商品榜单找准竞品

这里以灰豚数据抖系版为例，来看看通过商品榜单查看竞品。灰豚数据提供了抖音商品榜、直播商品榜、视频商品榜、商品卡热销榜和商品投放榜数据，图 7-17 为抖音商品榜数据。

图 7-17　抖音商品榜数据

在找竞品时，可以根据商品分类、价格、品牌、时间维度等进行筛选，尽量准确设置筛选条件，以提升筛选结果的可靠性。此外，还可以根据运营的主要方向来筛选竞品，如果店铺主要的带货渠道是视频或直播，那么就可以通过直播商品榜或视频商品榜来筛选竞品。

根据筛选结果，找到对标的竞品，单击商品名称超链接，可进入详细页面，查看商品的品牌、价格、浏览量、销售额、销量、转化率等数据，如图 7-18 所示。

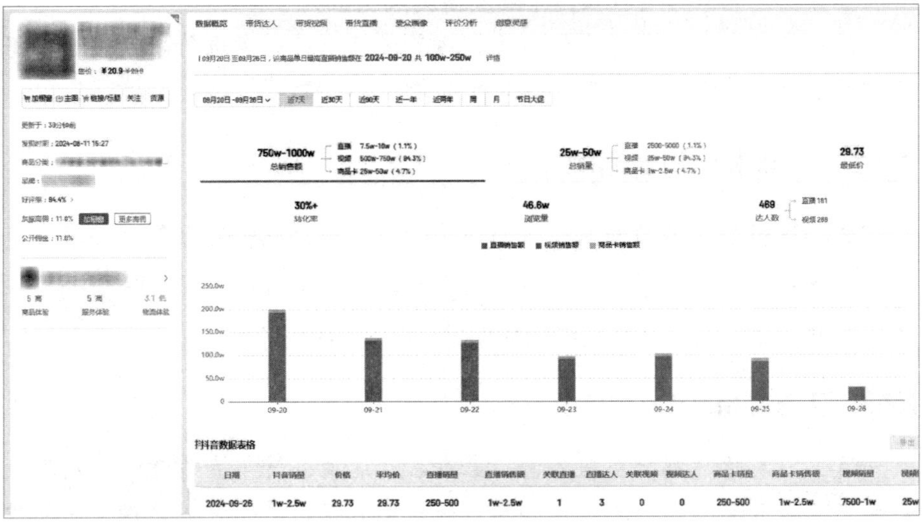

图 7-18　商品详细数据

根据商品详细数据对竞品进行分析，这里以数据概览页面的数据为例，从直播、视频和商品卡（是一种在抖音平台上展示和销售商品的卡片形式，通过非直播和非短视频的方式直接展示商品信息）三大带货渠道来看，视频的销量和销售额占比明显高于其他渠道，说明竞品借助短视频营销取得了较高的转化。结合竞品详细页面的其他数据，运营者还可以找到与竞品在价格、营销等方面的差异，然后再根据自身条件来调整运营策略。

7.3　店铺数据指标分析

深入分析店铺数据可以进一步揭示运营的真实状况，销售数据反映了盈利能力，转化率数据说明了带货的转化效果，这些数据对于制定更加精准的运营策略具有重要作用。

7.3.1　店铺销售数据分析

要了解店铺的整体销售情况，最直观的方法就是查看销售数据，下面以抖音小店为例，来看看店铺销售数据分析的内容。

实用范例　小店整体数据分析

本案例同样借助灰豚数据查看抖音小店的数据。在灰豚数据中搜索小店名称，并进入店铺数据页面，图 7-19 为小店数据概览。

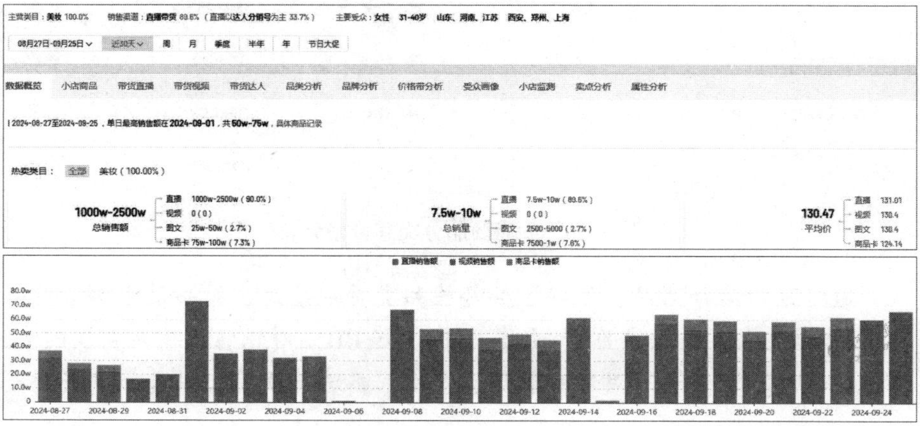

图 7-19　小店数据概览

在分析总销售额和总销量数据时，可以将数据结果与销售目标和历史销售数据作比较，以评估销售业绩。如果实际销售额高于目标销售额，说明店铺经营绩效达到了目标，销售策略是有效的，反之则需要考虑优化和调整销售策略。

结合图 7-19 对销售渠道进行分析，可以看出，销量来源的主要渠道是直播，其次是商品卡、图文。由此可见，直播是需要重点运营的销售渠道，视频销售额和销量都为零，但视频是抖音主要的营销方式之一，且其他竞品如美妆电商在短视频带货方面也取得了较好的成绩，因此，视频渠道可能需要加强推广和拓展。

继续来看小店商品的分类和价格分布数据，如图 7-20 所示。

品类信息（共有4个品类）	平均价	总销量	总销售额	销售额占比
面部彩妆-BB霜	133.13	10w-25w	1000w-2500w	98.96%
面部彩妆-气垫	137.44	1000-2500	10w-25w	0.95%
面部彩妆-蜜粉/散粉	89.02	100-250	1w-2.5w	0.08%
面部彩妆-定妆喷雾	86.58	25-50	2500-5000	0.02%

图 7-20　小店商品分类和价格分布

通过分析店铺商品，可以了解哪些品类贡献最大，商品处于哪个价格水平。本店定位于美妆类目，细分类目中彩妆-BB霜对销售业绩的贡献最大，结合该数据，运营者可对库存管理、营销策略进行优化，以进一步提升整体的销售业绩和盈利能力。分析价格带可以帮助店铺优化商品结构、调整经营策略，本店商品的销售价格在 100~300 元之间，在美妆市场中属于中档价格带，是非常受欢迎且具有竞争力的一个价格区间。

7.3.2　店铺营销渠道带货效果分析

在电商领域，单一的营销渠道往往难以满足多变的市场需求，因此，越来越多的电商开始尝试多渠道营销。有效的数据分析能帮助运营者了解各个渠道的表现，下面以抖音电商为例，来对不同的带货渠道进行效果分析。

实用范例　分析店铺不同渠道的带货效果

在灰豚数据中查看带货直播和带货视频数据，如图 7-21 所示。

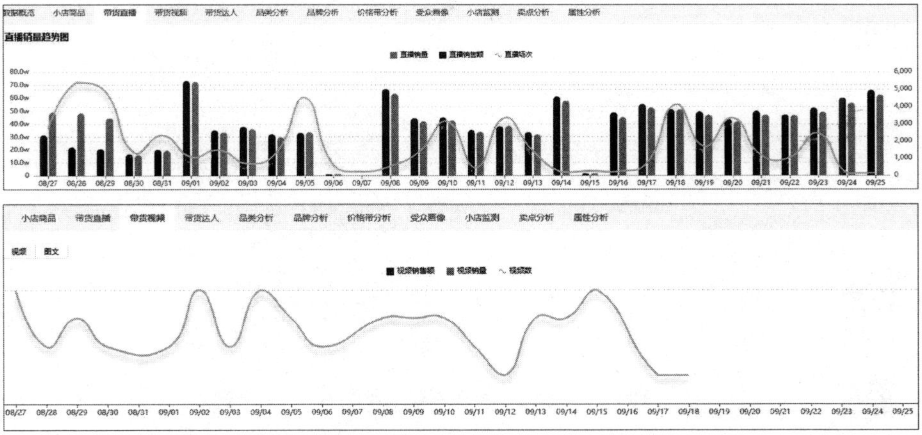

图 7-21　带货直播和带货视频数据

通过图 7-21 的对比可以很明显地看出，直播的带货效果远高于视频，可见这种电商销售方式对于本店来说是成功的。

与达人合作也是电商带货的一种方式，可以分析达人带货的数据，了解哪些达人更有带货转化能力，与带货能力强的达人深度合作或建立长期合作关系，反之则与之解除合作关系，图 7-22 为店铺直播带货达人渠道和层级分布。

本店除了自营直播带货外，还与达人进行了商业合作，合作的达人中肩部达人占比最多，为 50%。

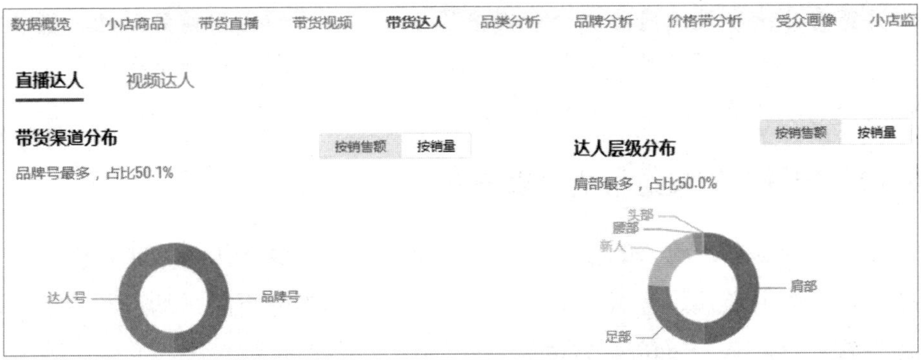

图 7-22　直播带货达人渠道和层级分布

下面进一步查看每个达人的实际带货情况，如图 7-23 所示。

达人信息	粉丝数	带货口碑	直播销量	直播销售额	本店客单价	本店商品数	带货直播
旗舰店 抖音号：	247.0w	4.6	2.5w-5w	500w-750w	¥140.4	7	35
抖音号：	7.1w	4.9	5000-7500	100w-250w	¥140.52	1	22
抖音号：	3.2w	4.6	2500-5000	25w-50w	¥139.8	1	21
抖音号：	1081	4.4	2500-5000	25w-50w	¥140.72	1	7

图 7-23　达人带货数据

通过图 7-23 可以看出，虽然店铺主要合作的达人是肩部达人，但从数据结果来看，除自营店铺外，带货销售额排在前面的并不全是肩部达人，相反粉丝量级低于一万的带货达人也具有很强的带货力。针对这种情况，运营者就需要考虑是否需要调整达人合作策略。